要打动消费者，别再依赖广告了

［日］本田哲也　田端信太郎　著
张桂丽　译

中国财经出版传媒集团
中国财政经济出版社

图书在版编目（CIP）数据

要打动消费者，别再依赖广告了 /（日）本田哲也，（日）田端信太郎著；张桂丽译. —北京：中国财政经济出版社，2016.12

ISBN 978-7-5095-7050-0

Ⅰ. ①要… Ⅱ. ①本… ②田… ③张… Ⅲ. ①市场营销学 Ⅳ. ①F713.50

中国版本图书馆 CIP 数据核字（2016）第 263528 号

责任编辑：潘　飞　　　责任印制：刘春年
责任校对：李　丽　　　版式设计：丁丁图文

中国财政经济出版社出版

URL：http://www.cfeph.cn

E-mail：cfeph@cfeph.cn

社址：北京市海淀区阜成路甲 28 号　邮政编码：100142
营销中心电话：010-88190406　北京财经书店电话：010-64033436
北京时捷印刷有限公司印刷　各地新华书店经销
880×1230 毫米　32 开　7.25 印张　110 000 字
2016 年 12 月第 1 版　2016 年 12 月北京第 1 次印刷
定价：42.00 元
ISBN 978-7-5095-7050-0 / F·5644
（图书出现印装问题，本社负责调换）
本社质量投诉电话：010-88190744
反盗版举报热线：88190492　88190446

也许您买下这本书是想借助广告、媒体宣传产品或服务，让更多的消费者心动起来。

赞同“不再依赖”之论的人，拿到这本书也许不会认真地往下读。但翻开一页，开始阅读“序言”的人，一定是在绞尽脑汁，忖思如何依靠广告媒体来打动消费者、促进消费。

但笔者有言在先：

依赖电视、报纸、杂志等多媒体方式，或是花巨资购买广告位的方式打动消费者的想法，已经落伍了。

梦想着披上一层流行的新概念外衣，刻意用别样的书写方式（如片假名），再缀上“××营销”等字眼去吸引消费者眼球，就能带来如魔法般的利益，这无异于痴人说梦。

梦想着每日混迹于市场的新产品有朝一日能突然变得热销起来，而不去洞察、感受消费者的心声，这如同捏造嫌疑人不在犯罪现场的证据一样荒唐。

市面上随处可见的关于如何靠广告媒体吸引消费者，所谓攻略的书籍，只谈及营销技巧等“表面功夫”，还有连小学生都懂的所谓“本质论”。对此，笔者深感忧虑。

“不易流行”是芭蕉[①]在晚年为阐述俳谐的本质而提起的一个理念。据《日本大百科全书（小学馆）》记载，芭蕉提出的“不易流行”中的“不易”是指历经时代更替而能万年不变之物；“流行”是指随时光流转而不断变化之物。两者在本质上并不矛盾。真正“流行”之物，自然也是“不易”之物；反之，真正做到了“不易”，自然也能获得“流行”。俳谐兼具静态（不易）和动态（流行）两个本质属性。俳谐视创新如生命，其动态属性，即追求创新、不断变化的流行性，恰恰是蕉风“不易”的本质体现。归根到底，

① 松尾芭蕉（1644 年 10 月 12 日—1694 年 11 月 28 日）是日本江户时代前期的一位俳谐师的署名。芭蕉是俳谐连歌（由一组诗人创作的半喜剧链接诗）的奠基者，作为俳圣在世界上广为人知。俳句是日本的一种古典短诗，由“五—七—五”，共十七字音组成；以三句十七音为一首，首句五音，次句七音，末句五音。要求严格，受“季语”（季语是俳句的灵魂，是日语中关于春夏秋冬四季变迁的词语，蕴含着日本民族与自然共融的传统自然审美观）的限制。它源于日本的连歌及俳谐两种诗歌形式。

“不易”与“流行”实属一物。芭蕉称之为“风雅之诚”。

就拿音乐来说，最新排行榜上的流行歌曲之“流行”，与跨越时代的莫扎特、巴赫古典乐之“不易”，两者在本质上并不对立。细细想来，也颇为有趣。

营销策略亦然。

每年层出不穷的“××营销”等新概念，可以与上述的“流行”对应起来。当然，“流行”并不是毫无意义的。不过，如果只一味追逐表面的“流行”，就无法创造出“不易”的价值和经久不衰的品牌与产品。

相反，正如芭蕉所说“真正做到了‘不易’，自然也能获得‘流行’”。在营销宣传方面，我们不应该转而追求真正的“不易”之价值，即亘古不易的本质论吗？这是笔者和本田先生写此书的初衷。

我们希望读者在意识到营销中的“不易流行”，特别是“不易”的同时，来阅读本书，并能感受到有别于表面技巧和潮流趋势外的本质。

目录 CONTENTS

PART 01 "广告能覆盖的消费者越多越好"真的就好吗?

田端信太郎

PART 02

消费者为什么会动心？——从1000人到10亿人按照递增规模定位

田端信太郎 本田哲也

打动“1000人”

打动“1万人”

打动“1000 万人”

PART 03

放弃“要打动消费者”的念头!

本田哲也

PART

01

“广告能覆盖的消费者越多越好”真的就好吗？

田端信太郎

不要被社交媒体、跨媒体……流行牵着鼻子走

直销、社交媒体营销、顾客创造营销、大使营销……广告业界每年都在推介营销的新概念，创造形形色色的“流行”。如同时尚界宣传“今年流行色是 ×× 色”。

大多数美国人即使身处纽约大都市的最前端时尚区，意识到“×× 流行”，可穿着和十年前并没有什么不同，照旧是平时上班水洗布裤子加 T 恤，周末短裤加 T 恤。营销也同样。部分“高敏感”群体，深受流行的影响，紧随时尚的步伐不停地在改变自己，而不动声响的大多数人则抱着“那和我没关系”的态度，十年如一日地默守陈规。

到目前为止，那些被流行牵着鼻子走，像迷途羔羊般的销售人员多次来找我商谈过。

“通过社交媒体助推大众传媒（常常被说成是散布小道消息），想方设法让更多的人能了解自己公司的产品、服务！”

“不单是网络，发动电视、交通广告、报纸、店面等各

种媒体（常常称之为多媒体）让消费者全方位接触到信息。”

但是，在与销售的多次商谈过程中，笔者逐渐意识到其中存在着很大的误区。

依靠社交媒体助推大众传媒，依靠跨媒体扩大影响。抱着这种念头的人里，其潜意识在于：

- 尽可能让更多的消费者，了解自己公司信息。了解得越多越好！也就是，尽可能扩大覆盖面。
- 为实现目标，不能只依靠单一的媒体，尽可能依靠多种媒体，多角度不间断地传播同一信息。

但是，这些确实可行吗？

“跨媒体”作为广告策划活动的策略流行已久。

但是，如果您为了把卖不动的大众广告（尤其是纸质广告）卖出去，摇身一变推出“捆绑销售”，还美其名曰为“跨媒体”，仅更换上耳目一新的包装、喷洒上香粉，这充其量不过是把买到的旧式广告位再合理化使用一次而已……这种实例并不少见。至少笔者本人见到过许多。

开始浏览本书的各位，我们设想：为何一家企业在搞宣传活动时，整合利用与多家媒体、信息的接点（也称为Touch Point）的方式，能在对策划活动整体做全方位观察时，产生效果、提高效率？这究竟能否从理论上作出解释呢？

举一个更为具体的实例：宣传活动的整体预算是3亿日元。如果预算方案的配比是：2亿日元投入电视、5000万日元投入报纸、5000万日元投入网络，这样的配比是应该由相应金额预算分配决定的吗？对此能从根本上合乎逻辑地进行说明吗？实际上，就这个问题用理论予以解释，对业内专业人士来说也是难题。

就这点，以下首先郑重地作出说明。

“横跨媒体 × 媒体覆盖指向”是错误的
——“覆盖”与“精准度”的关系

首先，假设各位读者是与媒体、广告、PR等职业无关的非业界人士。接下来，在展开有关媒体、广告、PR技巧等种种辩论时，要理解“覆盖”和”精准度”的关系，理解本质性的基本概念就非常重要，希望各位必须理解“覆盖”和”精准度”之间存在选择关系，即两者不可兼得。

比如，人们经常说“在谷歌、雅虎的检索窗口键入检索词，针对用户需求改变广告内容的移动搜索广告，由于费用与效果的性价比高，近10年间，获得急速增长”；或者，与此相反，“报纸、杂志，费用与效果的性价比低，广告销售额在减少”。

但是，既然移动搜索广告的费用与效果的性价比高，为何广告商不把广告预算的全部份额投到检索移动广告上来呢?

比如，代表日本的广告主丰田，为何不把全部的广告预算投到谷歌移动搜索广告的AdWords[①]?

要做出逻辑清晰的回答，难度超乎想象。

① 搜索引擎Google的关键词竞价广告称为AdWords，也称为“赞助商链接”，中文俗称“Google右侧广告”。AdWords是一种快速简单的购买广告服务的方式，这种广告服务的针对性强，无论您的预算是多少，它都按每次点击计费（CPC）。AdWords广告随搜索结果一起显示在Google上，这些广告还会显示在规模不断扩大的Google联网中的搜索网站和内容网站上，包括AOL，EarthLink，HowStuffWorks和Blogger。

各位办公人员，您接到过“用谷歌、雅虎引擎做广告，费用和效果的性价比高”这样的推销电话吧？那您有没有试着质问推销员：“既然性价比那么划算，为何丰田、花王、P&G 这样的广告主并没有把预算的大部分投到检索引擎呢？”您的这种质问就好像去反驳做公寓投资、金融产品的推销员：“那么能赚钱诱人的好事，为何还特意打电话告知别人呢？你自己揣到自己腰包不就完了？”这是具有杀伤力的反驳。

在进行详细说明之前，我想先介绍一下田端的从业背景。

田端大学毕业后，作为新人加盟 NTT 数据中心，分配到面向媒体的业界平台系统的策划部。时值 BS 数字广播的起步阶段，他提议为以数字广播为开端的各家电视台提供试听者能够通过远程控制参与的双向服务并在 NTT 旗下的各家公司和各家广播电台共同建立可共同参与的风险公司，同时完成策划报告。当年，“广播与通信的融合”作为耀眼的玫瑰色的经典用语，被 NTT 内部各种策划书广为引用。

我随后转入 Recruit 公司，任职前 2 年作为总部职员调研考证了关于“纸张”与“网络”的使用区别、商务上的优先顺序等业务。当时网络泡沫破灭后的2001年，Recruit内部笼罩着惶恐不安的氛围："同伴们就像青年将校中的激进派呐喊着：快看，网络就是不赚钱的行业嘛。赶紧斩断前行中的网络这只大船舵啊"。笔者对纸张与网络的"小田原评定（久拖不决的会议）"心急如焚，思考网络不行那纸质总行吧？于是转向自由杂志《R25》，从零起步。以上所说或许有些夸大其词，实际上，作为广告业界的负责人在深思熟虑21世纪销售纸质媒体的广告位后，为如何能创造出符合时代潮流的经典，做出了尝试。

接着我本人转入LIVEDOOR，负责LIVEDOOR新闻工作。经历了时任社长的堀江竞选"邮政解放"的候选人，后因"LIVEDOOR事件"①，东京地方检察的强制搜索进入公司等事件，而从中获得了"新闻媒体"同时也是"新闻当事人"的宝贵经验。在"LIVEDOOR事件"发生的时

① 2006年1月16日，东京地方检察厅特搜部与日本证券交易监视委员会，以LIVEDOOR公司及其下属的子公司涉嫌违反《证券交易法》有关规定，强行搜查活力门公司总部及其董事长堀江贵文的住所。检方宣称的具体搜查事由是该公司进行了虚假交易。

点，对严重亏损的公司媒体业务，在商业运营上，尝试应用了把网络媒体的通信量转化为实际金额的各种激活大众传媒的方式（移动检索、关联、点击收费、期间登载框、博客关系等等），出色地扭亏为盈。田端本人，也参与了“LIVEDOOR 事件”后的媒体事业的重建工作。

之后，加盟 CONDE NAST，由 VOGUE、GQ、WIRED 等奢侈品投放广告，赞助发行时尚生活杂志。拓展由纸质杂志而构建的媒体“品牌”，挖掘在 iPad、智能手机、PC 网页等数字化领域的优势，同时，为如何开展新型项目而殚精竭虑。

目前，全世界有超过 4.8 亿人，日本国内有超过 5200 万人在智能手机上使用名为“LINE”的交流工具。作为 LINE 的法人商务责任人，立足于为各企业谋划应用于智能手机的市场营销策略。

我个人的职业经历，涵盖了电视等广播媒体、杂志等纸质媒体、因特网（包括 PC/ 智能手机 / 图形输入板）等多种信息发布形式、浏览器的世界，而且，涵盖了收费和免费媒体的不同，大众传媒和小众传媒、个人媒体的不同。

在积累多样化媒体的市场营销策略的过程中，我能设身处地为需求者考虑最佳预算分配、满足 TPO（时间、地点、场合），该选择哪种媒体方式。我自负地认为自己做到了第一人。

根据本人积累的从业经验，我认为：

“尽可能让更多的消费者，通过多种媒体了解自己公司的信息。对信息了解得越多，市场营销越有可能接近成功。”

可以断言，盲目追求“横跨媒体 × 扩大媒体覆盖率”是错误的。

为什么说是错误的？接下来做说明。

夏普、索尼的凋落是广告公司的责任吗？

为什么“横跨媒体 × 扩大媒体覆盖率”是错误的？在

说明理由前，我先介绍某广告业界人士提出的问题。

2013年3月出现的一个话题震动了广告业界。

“震源”来自于佐藤尚之投稿的一篇博客。他本人是畅销书《明日广告》《明日交流》的作者，曾在“电通时代”荣获多个广告大奖，目前是独立而活跃的著名通信总监。

以下是从他的博客中选取的核心内容。

最近，和广告人谈话时，谈及的话题是“您怎么看夏普、松下、索尼的凋落？”而且，会陷入少许绝望的气氛中。

夏普、松下、索尼迄今花了多少广告费？

广告商、广告公司不仅仅是在用商品广告，还有创意广告、品牌效应广告、活动、促销等手段，为夏普、松下、索尼制造粉丝。

至少，广告商、广告公司以此为目标，谋划广告策略。但是，消费者一旦发现其他商家推出了价廉物美的产品便会立刻趋之若鹜。

广告商、广告公司难道不该为夏普、松下、索尼的凋落感到汗颜吗？（2013 年 3 月 25 日）

2013 年 3 月与 2012 年 3 月同期相比，松下的亏损额超过了 7500 亿日元。在索尼，没有完成电子业务盈利任务的全体负责人把奖励全部返还给公司。代表日本的这两家电器生产商的经营不良现状、广告宣传策略变成了向广告业界发出“带上当事人的意识！”激发勇气斗志的倡议。

根据日经广告研究所“有力企业的广告宣传费”的数据显示，松下到 2011 年 3 月末累计连续 5 年投入的广告宣传费达 4078 亿日元，广告宣传费单项排名连续 4 年占据全日本第一的席位。索尼相关广告宣传费排名占据首席。毫无疑问，两家都是代表日本的大型广告主。

详细比较一下截至 2011 年 3 月索尼 5 年间的销售额、营业利润和广告费用。从图 1-1 中可以发现：松下并没有过多受到销售额、营业利润增加的影响，每年持续

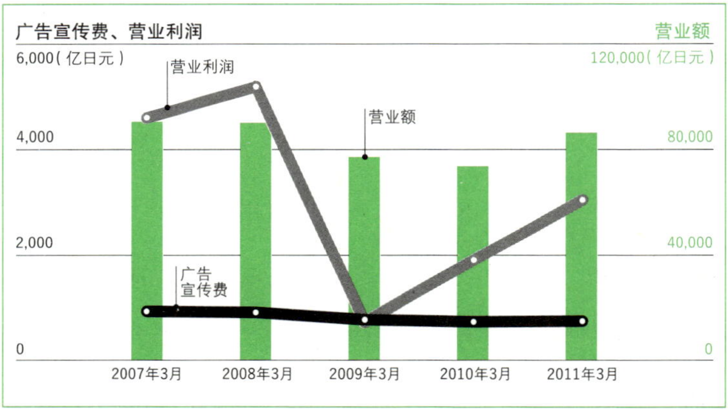

图 1-1　松下的营业额、营业利润及广告宣传费的比较

出处：日本经济新闻广告研究所《实力企业的广告宣传费用》

投放高额的广告费用。这项高额投资大概为了制造强大的“Panasonic”品牌，使经营合理化，进而神坛化。可以说，松下对于广告界而言是独一无二的大主顾。

但是，松下在 2009 年 3 月也投入了和营业利润基本同等额度的广告费，5 年累计投入了 4078 亿日元的广告宣传费。这其中，究竟存在怎样的经济合理性、投资平衡性？

当然，21 世纪以来的日本家电制造商的业绩不佳，是多种因素造成的。很显然不仅仅是广告宣传费、市场营销方面的策略问题。

但是，虽说“向以电视为导向的媒体投入高额的广告宣传费”带来的是“对消费者强有力的品牌构建和产品认知”，是“回避店面的降价竞争、获得高利润回报的基础”。这是大型电器制造商在过去几十年里，为把购进的大量广告位合理化将巨额预算投入媒体的逻辑。但这一逻辑已开始受到根本性的质疑，这难道不是确凿的事实吗？

为什么企业的业绩好坏、商品是否畅销，与广告宣传费的投放数额、广告媒体上的出现次数无关呢？

也就是说，为什么依赖已有的广告、媒体打动消费者变得困难了呢？

解答这个疑惑，并且给出解决问题的线索和启示，正是笔者撰写此书的目的。

当出现像索尼、松下大型制造商陷入困境，单靠投入预算的广告、媒体再不能打动消费者的实际情况时，相反，也意味着迎来了一个为那些拿不出高额广告预算，在已有的媒体那里难以得到宣传机会的个人、小企业增加了平等获得成功机会的时代。

全面挖掘时代特色，为即使没有预算，依靠干劲和灵感能冲向更大市场的团队、个人提供智力支持，也是笔者撰写此书的目的。

旧模式的广告为何再难以打动消费者？

说到底，为什么旧模式的广告不再能打动消费者了？

笔者认为：当今的媒体环境正在逐步跨入“Post 广告”时代，旧模式的广告为何再难以奏效？首先要追根溯源地了解媒体环境的状况，再进行论证。

所有的广告信息都是通过媒体传递给消费者的。从电视、报纸到电车的吊环、折叠式广告单，不通过某一种媒体让消费者直接接触到自己公司的广告是不可能的。起初，媒体的语源是“媒介 / 媒质”。

对接受广告信息的人群而言，广告接触无论如何只不过是媒体接触的一部分而已。这意味着要回答：与以前相比，广告为何再难以奏效？消费者的广告接触情况是如何发生变化的？解答疑惑的根本在于了解、理解有关消费者的广告接触情况是如何发生着变化的。

比如电视在媒体上出现的容量，以秒为“时间”单位计算。报纸杂志等纸质媒体，以称作页数、段数的“面积”单位计算。但是由于现在的消费者同时使用多种形式的媒体，所以有必要考虑集齐所有可能的单位。因而，我们不妨把“时间”作为跨越各种媒体把握信息接触量的共同尺度。

图 1–2 是来自博报堂 DY media Partners · Media 环境调查研究所的调查结果。

从图中可以看出：国内消费者关注媒体的时间总量基本固定在 5~6 个小时的水平，而且，总计时间包括用电脑、手机上网的时间比率，从 2008 年的 24% 上升到 2012 年的 33%，5 年时间里一直在稳步增长。

图 1–3 概括了“电视试听”情况，发现目前的“电视试听”的模式与过去不同。

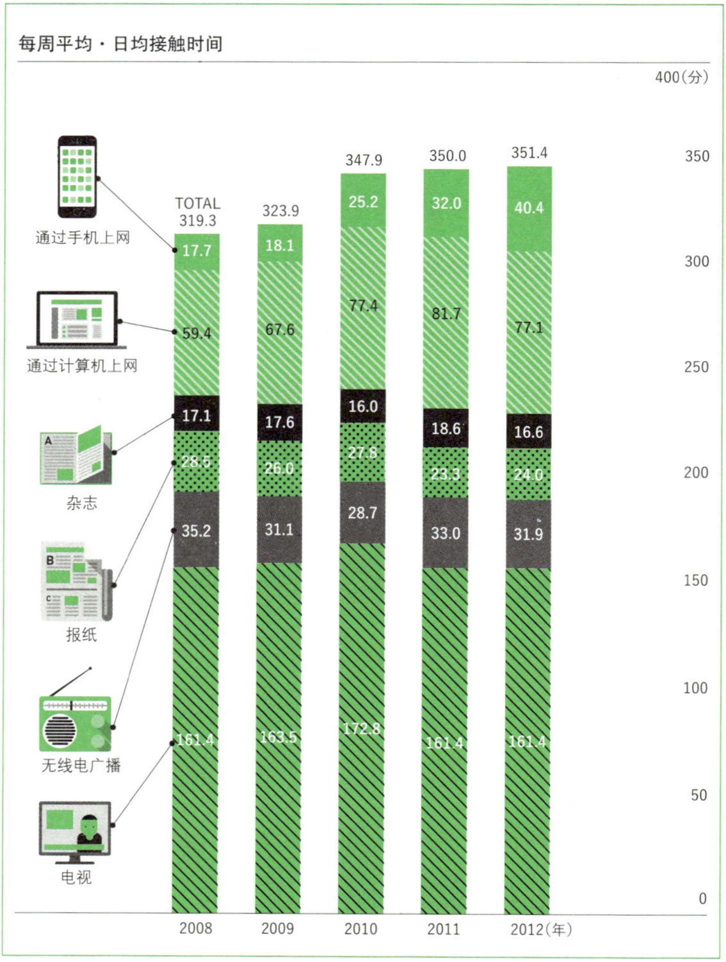

图 1–2　接触媒体时间、时间序列变化（东京地区）

出处：博报堂 DY 媒体伙伴、媒体环境研究所《2012 年媒体定点调查》

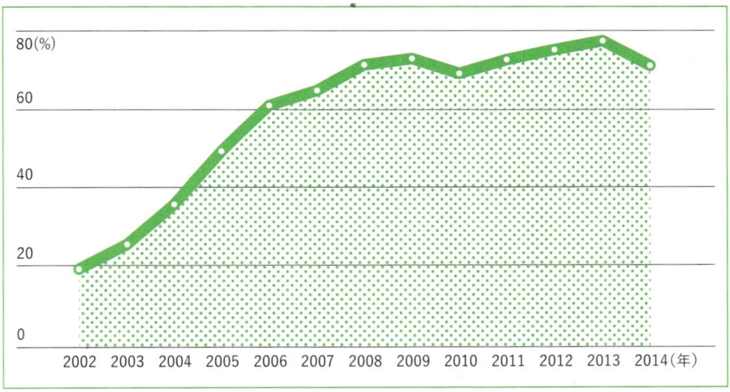

图 1–3 光盘播放器·录音机的普及率

出处：日本内阁府通过（一般家庭）主要耐久性消费品等的普及率

为何不同？因为以 HDD 录像机为代表的广义上的画面录制机器已经普及到大多数家庭，具体情况可参考图 1–4。

因媒体环境发生了变化，录制好电视节目在自己喜欢的时间段观看，已经是再普通不过的事情了。根据 NHK 某项关于生活时间的调查，从 2005 年到 2010 年的 5 年时间里，日常生活中，采取观看“录像 /HDD/DVD”方式的人数比率，平日、周末均大幅增长，相应所消耗的时间量也在增加。

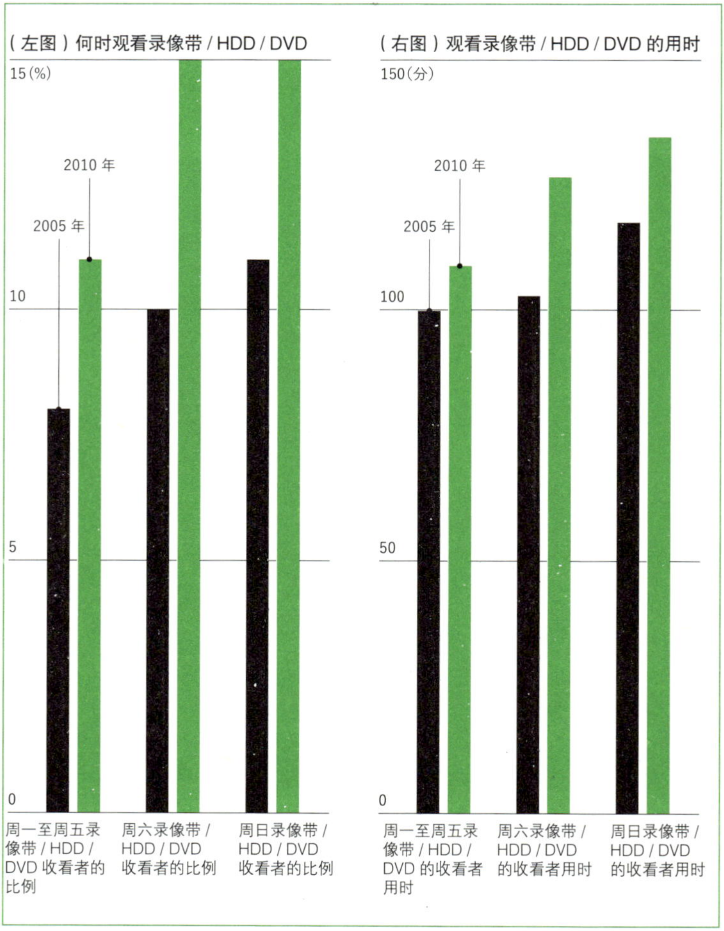

图 1–4　电视收看方式的变化

出处：NHK《从生活时间调查来看媒体使用的现状与变化》制作

我们按照时间轴线来整理近期的媒体环境。作为整体的媒体环境，以 1 天内总计 6 小时左右的时间为上限来计算，消费者媒体接触时间并没有大幅增长。也就是说，在零和博弈的情况下，通过 PC、智能手机上网的时间，和用于电视试听的 HDD 录像机的节目录制试听时间的总量大幅增加，这是近期媒体的特点。

同一部电视剧：看直播与看回放有何不一样？

同一部电视剧，用 HDD 录像机录制下来看回放和实时试听观看，两者之间有何不同的地方呢？

或者，相同的一则新闻报道，通过纸质《朝日新闻》浏览，和通过网页 Yahoo.news 浏览，感受有什么不一样呢？

从试听者可能获得的信息量的意义上来看，无论是电视剧还是新闻报道，原信息载体包含的社交媒体信息本来应该相同。但是，从媒体论的背景来看，两者之间会出现巨大的分歧。

电视剧不是实时观看，而是通过 HDD 录像机观看；浏览新闻，不是通过报纸而是通过网页，用多少时间接触原信息载体的决定权（编辑权和集成权）在消费者手里。

通过实例，我们会更容易理解。如果实时观看，既不能随意跳过电视节目中插播的电视广告，也不能只选择观看电视剧中自己喜欢的女演员。如果是纸质新闻，在浏览整个报纸的过程中，各版面的广告即使在厌烦的一瞬间也会进入视线，就连毫无兴趣的报道，它的标题也会跳入你的视线。

但是，报纸用整版打广告的方式试图引起大众的关注，如果换成网页，既不可能是常用的广告链接框，也绝不可能让毫不感兴趣的报道进入读者的大脑里。

也就是说，在电视试听领域，经由 HDD 录像机的择时试听的比重在扩大，在原来报纸杂志占据主导地位的理解促进型信息媒体领域，网络比重不断扩大的趋势，站在消费者立场来看，“快乐自由地观看阅读自己喜欢的、自己感兴趣的”正在被强化、扩大，这已别无选择。

站在广告商的立场来看：在为周末促销专门进行的周五特约放映过程中，即使集中播放广告，消费者觉得通过 HDD 录像机的录制也能看到很多广告。而且，促销活动结束后，能选择重播广告，所以他们对播放的广告漠不关心，全然是无视的姿态。这种对广告商不利的势态还在继续蔓延。

广告编辑权、编制权正逐步转向广告信息接受群体即消费者一方。在当前的媒体环境中，尽管属于信息接收方的消费者丝毫不感兴趣，广告商还似乎摆出“这是免费的商业媒体，请忍忍吧”的姿态，把怪异的广告框强行插入媒体信息中，即使让消费者浏览，却没有有效地接触到消费者，不能形成营销传播的倾向愈演愈烈。

因特网、智能手机的出现本身仅仅是表面现象而已。最为重要的是相关技术极大地改变了媒体环境，媒体空间上的“编辑权”“集成权”转移到了大众用户的手中。

更加明确地说，在有关营销传播、多媒体的商业世界里，正发生着“政权”交替。

当下，“主权”已被移交到了消费者手中。

“东芝星期日剧场”片尾广告“专栏”的重要性已经荡然无存了

笔者以《要打动消费者，别再依赖广告了》如此具有刺激性的书名来命名本书，是为了论述依靠（原有形式的）广告、多媒体的影响力的宣传推广活动再难以收到良好效果了。

当然，业界精英们大概对“广告本身失去了有效性”的结论，会提出不同论调，认为在现阶段这个结论下得为时过早了。但是，在消费者与企业间互动的各种因素中，至少称作“媒体广告栏”的重要性在相对减弱，广告业界内部人士大概没有人会反对这种说法吧？

在因特网的出现、编辑权转移到一般用户手中之前，购买媒体广告栏，也就是说，如何支配优势的专栏，在促销活动中占据着举足轻重的地位。

具体来说，如果掌控了黄金周的广告时段，播放自己公司的产品广告，自然就被认为达到了营销活动的一大半目的。

作为实例证明，东芝专属提供《蝾螺太太》“东芝星期日剧场”、松下电器专属提供“国民剧场”，各自都坚持了几十年。但是，1998 年东芝的《蝾螺太太》停止播出、2013 年松下的“国民剧场”也寿终正寝。

请注意，从大牌企业独家冠名的专栏购入到消失的 2000 年初开始的 10 年时间，是媒体对接多样化发展的时期。一旦黄金周的电视广告专栏播放广告，就意味着营销互动活动的基本成功，这样的牧歌时代已宣告结束。

如果是因特网诞生前的牧歌式媒体环境，“打出广告”和“进行促销活动”重复得更多。

但是，编辑权转移到用户方，消费者跳过“不想看的东西”“不感兴趣的东西”，享受喜欢的时间、喜欢的内容，在这样的现代媒体环境下，购买广告专栏，进行商品、品牌宣传，归根到底只是促销活动极少的“一部分”而已。

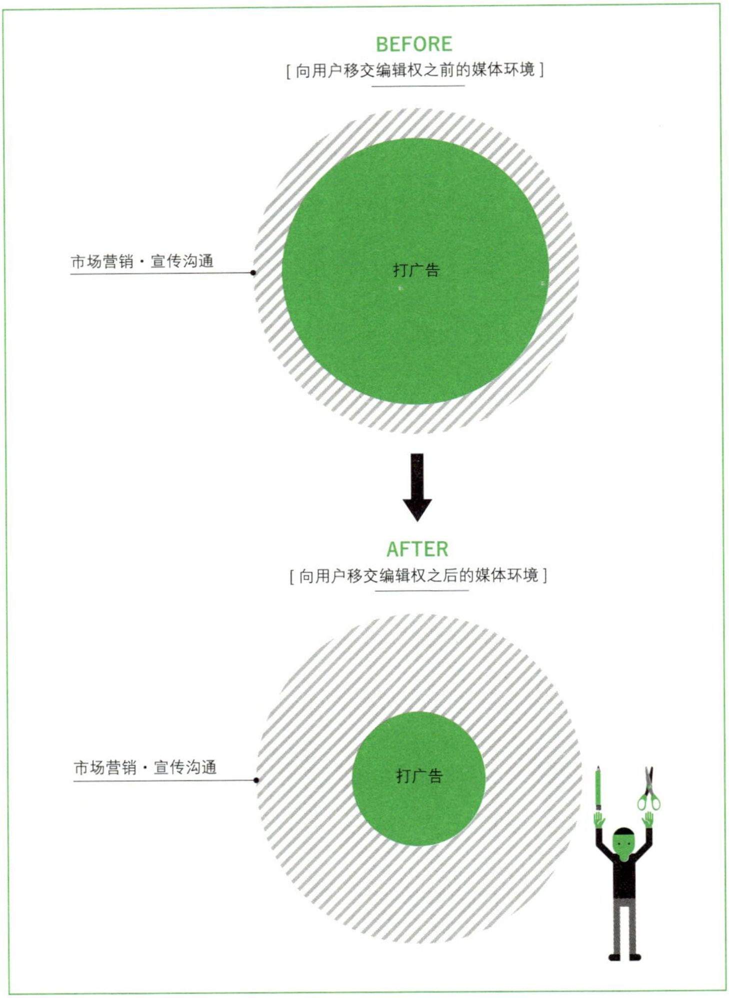

图 1–5 市场营销（与顾客间）交流沟通与广告的关系

在信息爆炸时代，掌握主动权的是“接受方”

当今的消费者，从早晨起床到晚上睡觉，始终处在被媒体带来的庞大的信息量冲击的状态中。

图 1–6 通过日本总务省信息流通指数调查，比较了通过电视播放、报纸杂志类印刷媒体以及 DVD 等包装媒体、因特网等各种媒体日常扩散的流通信息量，和实际上在日常生活中能被消费者认可接受的消费信息量。

从 2001 年到 2009 年的 8 年间，尽管在媒体上往来的“流通信息量”剧增近 2 倍，实际上，消费者认可、接受的“消费信息量”（也就是说，作为能互动成立的信息量）仅增长了 9%。

本人再次执拗地强调：在这样的“信息爆炸”时代，营销传播能否形成的决定权，不在信息发布方，而在信息接受方，也就是转移到了大众消费者的手中。

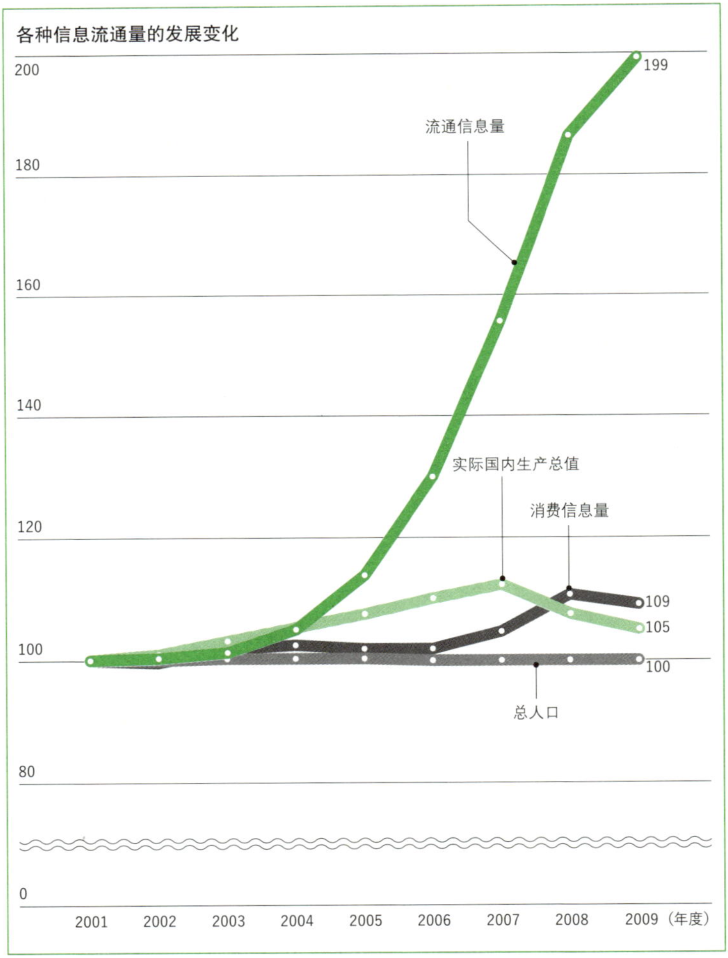

图 1–6 信息流通量的发展变化

出处：日本总务省《关于我国信息通讯市场的实况及信息流通量的统计衡量的调查研究结果（2009 年度）》

营销传播的决定权掌握在信息接受方——消费者的手上。如果不考虑这种实际情况，计划投入10亿日元巨资的一场大规模的营销宣传活动，到头来就只能是竹篮子打水一场空。

比如，各位读者大概还记得NTT多年前开展的“DOCOMO2·0”重塑企业形象的营销宣传活动吧？您耳闻目睹了丰田公司配合新造型的“粉色小丑”推出的营销活动吧？NTT、丰田两家公司为营销活动都投入了巨资，广告业界的人士集结在现场，最终收获到性价比很高的效果了吗？

笔者认为，应该能从这种失败的案例看到，原有的“依赖广告媒体打动消费者”的理念根本就是错误的典型模式，作为反面教材，难道不能引以为诫吗？

面对消费者是对话，放弃要掌控的念头

结合前面的失败案例，设想一下今后的营销传播模式该如何构建呢？我想，不妨一边把当今被无孔不入的媒体、

信息包围的现状当作是信息宣传、竞争极具代表性的案例“选举大战”，一边去思考。

可以说迄今的媒体环境，是候选人（= 企业）向选民（= 大众 / 消费者）在装备好的演讲台 / 选举车（= 媒体）上进行关于自己公司产品、品牌的“演说”。关于“演说”的内容，即使需要去琢磨，但演讲形式的本身是有效的。候选人之间相互竞争的是演讲声音大小（= 称作 GRP 的呈现总量），是为赢得听众数量占据的站前交通要道（= 黄金周时间段广告位的占有）。

当今媒体环境就像是选举大战。眼前的情形是在大街上行走的选民，耳朵里插着耳机，手里拿着智能手机，漫不经心地观望着自己感兴趣的地方。如果候选人只是乘坐在车站前的演讲车上自我陶醉式地展开自我宣传，根本不可能吸引选民，让他们止步。可以说，这样的时代已经到来了。

该怎么做才好呢？今后要从选举车上下来，与选民站在同一水平线上，如果选民们看不出您是想和他们面对面“对话”的真诚姿态，他们根本不会取出耳机。而且，不但要努力地向选民“演讲”，更要一对一地去进行走心的“对话”……这些意味着要提前做好计划，放弃“掌控”的念头。

说到底，事先由某人来计划、掌控和大众的“对话”，这根本就是无稽之谈。按事先设想好的目的，构建一切尽在掌控中的对话，就如同是警官的问责、营销员的推销游说、法官的询问。无论哪一种，大众感觉都是极其令人厌恶的宣传方式。

如果您是选民要面对两种候选人：一种候选人是严格执行事先从内容到日程都安排好了的计划；另外一种候选人是随机应变不断地和面前的选民，一个一个地进行真诚的对话，根据对话的情绪氛围、听众的聚集情况，灵活构建说话内容、做出安排。那么，您觉得哪种候选人会更有魅力呢?

瞄准消费者、打动消费者的谋略太老土了！？

问题是，放弃掌控意图的自由式对话与迄今的营销活动，实在不相称。

迄今的营销活动，实际上就是企业总部营销负责人提前制定出详尽的营销方案，根据方案匹配预算、人员，在此基础上，按预定日程执行该方案，达到被预先设定的商业目标、KP（主要业绩评价指标）的营销活动。难道大家不正是把这样的营销活动理念当作“应有的理想”了吗？

但是，就像前面所解释的一样，要以富于变化的对话式的营销宣传为前提。不得不认为：像铁路公司调度列车按时刻表运行一样，一小撮所谓的精英官僚引领大众的操纵主义，计划主义式的营销宣传已是陈旧化、僵硬化、毫无改变的老一套。

坦率地说，即使一小撮精英站在城市的大街上企图去瞄准消费者、打动消费者，实际上他们早已被消费者看穿，暴露出的是俗气、不高明等短处，等待被落空的可能性越来越大。笔者坚信这正是时代的真实写照。

当然，营销宣传活动即便是对企业而言也并非是独立存在的，由于与确保促销宣传费用、确保关系到工厂加工流水线或原材料的库存量有关，因而符合常规幅度的“控制”是必要的；既然营销负责人作为专业人士能够获得相应的报酬，笔者认为就不能是一切突变成了“不可掌控”或者是“就不应该掌控”的状态。

因而，今后的营销负责人、宣传负责人、商品策划负责人，首先考虑品牌、企业与消费者 / 大众的营销宣传，事先辨别可控的部分、不可控的部分，并且，接受不可控的部分，轻松地把握住方向盘的“游隙”，再去掌控全局就显得很关键。

图 1–7 展示了具体营销手段：在现代媒体环境下，以锁定目标群、企业发出信息的有无、可控制为纵轴，以重点放在挖掘潜在需求的 PUSH 型、把握显现的需求的 PULL 型为横轴，2 × 2 行列整理而成。

但是，希望您理解：如果事先一直停留在可控领域，只能获得有效性降低的媒体广告；只能根据用户使用搜索引擎的方式，利用用户检索信息的机会尽可能将营销信息传递给目标用户。

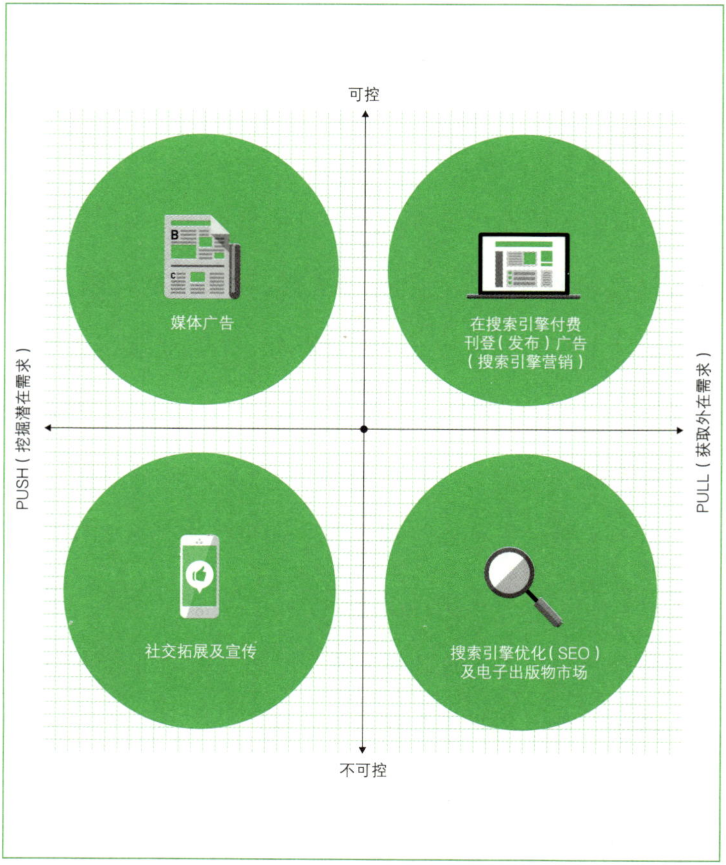

图 1–7　市场营销·宣传沟通“玩家（参与者宣传模式）”的分类

接受不可控——不入虎穴，焉得虎子

在此想再次强调的是：在依靠“媒体广告”“Post 广告”的时代，策划顺应时代的营销活动，既不能事先控制一切去按计划运作，也不能必有所为。

尤其要重申的话题是，作为身在其中的职员，这并不是轻而易举能够做到的事情。

比如，到目前为止采用社交媒体如微博营销方式的大型企业，曾经发生过几起可以归类为“虚假广告”“假扮消费者”的宣传事件，引起了公众的关注。笔者认为这类嚣张的事件接二连三地发生，存在着试图去控制不可控因素（用户主导下的营销活动）的矛盾。

“如果嚣张的气焰蔓延，消极的评论铺天盖地袭来该如何是好？您能推掉责任？”

针对典型的“评论家”“批评家”类的来自公司内部的反对意见，如果不能在预估出风险的基础上再下定决心，用趋于表面化的应对方式去解决问题，势必会培育出陷入虚假报道诱惑的土壤。

当然，作为研究探讨营销宣传的专业人士，即使面临事先可控制的范围变得越来越小、希望渺茫的境地，也不能放弃“想要的结果”。

而且，必定要出现不可控。怎么做才能把握与大众的交流？技巧究竟是什么？在21世纪的媒体环境下，为何很久以前的“不入虎穴，焉得虎子”谚语会奏效？弄清其原委正是本书的主要目的之一。

前面论证了有关信息传递方式的探究方法，是基于可控与不可控、PUSH/PULL的区别进行分类的方法。在此，不妨从其他视点去思考。

还剩几个码？
——选择高尔夫俱乐部与选择媒体的共同点

企业针对一般消费者做宣传策划时，需要把握的前提条件是覆盖定位："到底这次要推介的本公司的产品、服务，要以多少消费者为目标呢？也就是说应该辐射多少消费者或大众群体呢？"

换言之，通过这次的项目能打动多少消费者就算是成功了呢？是1000万人，还是1亿人？如果团队里的各位成员事先并没有积极地去思考和认识，那么依靠媒体，营销宣传活动或项目就不可能取得成功。

媒体有适应不同消费者的规模。正因如此，组合使用多种媒体"横跨媒体方略"，对于一般的广告代理商而言，不是只限于实施"捆绑销售"合理化的销售战术，更要在理论上是合理的、可行的。

以下通过实例说明。比如：

电视机是能覆盖数千万人的媒体。

报纸大概能覆盖数百万人。

移动搜索广告（包括关键词）能以数百人至数万人为单位锁定目标。

媒体如果不能按照最佳覆盖者规模程度、命中率去投入预算，那么费用与效果的性价比将一塌糊涂。将会成为片面化、空洞化的“行业表率”，以下通过实际案例具体说明。

Q1: X公司瞄准美食订单市场，开展通过网络为顾客配送手工制作味增的业务。截至目前，10万日元用于检索移动公告，每月可接到100件的订单。下个月开始将预算增加到30万日元。那么，可接到多少订单？

A1: 能接到比原来多3倍的近300件的订单。因为，月投入几十万日元、达到数百人的规模，原封不动地进入移动搜索广告中心位置，可预见：投入的广告预算与广告效果性价相比匹配。

Q2: Y公司经营二手车收购业务，截至目前，每月投入移动搜索广告3亿日元，获得3万件二手车收购订单。从下月开始，计划投入广告的预算增加3倍达到9亿日元。作为Y公司最终的效果测定指标的收购数量，下个月起能够达到是原来预算3倍的9亿日元吗？

A2： 增加 3 倍，（几乎）不能期待。

为什么？是因为每月 10 亿日元规模的预算、令人满意的辐射规模从检索引擎的媒体中心位置偏离。

对 Q2 进行改造，来尝试考虑以下的 Q3 吧。

Q3： Y 公司开展二手车收购业务，迄今为止每月投入电视广告 1 亿日元，获得月 5000 份的二手车收购订单（单价 2 万日元）。计划下个月通过特别营销宣传活动，将电视广告预算增加到原来的 3 倍达到 3 亿日元。Y 公司的最终效益评定指标的收购件数，下月起能增加到原来 3 倍即 15000 份吗？

A3： 可以说大概能增加到近 3 倍吧！因为预算规模、申请数量进入了电视广告的中心位置。

转换成图表用模型化显示，如图 1–8（广告商 A 设想所谓的国内客户）。

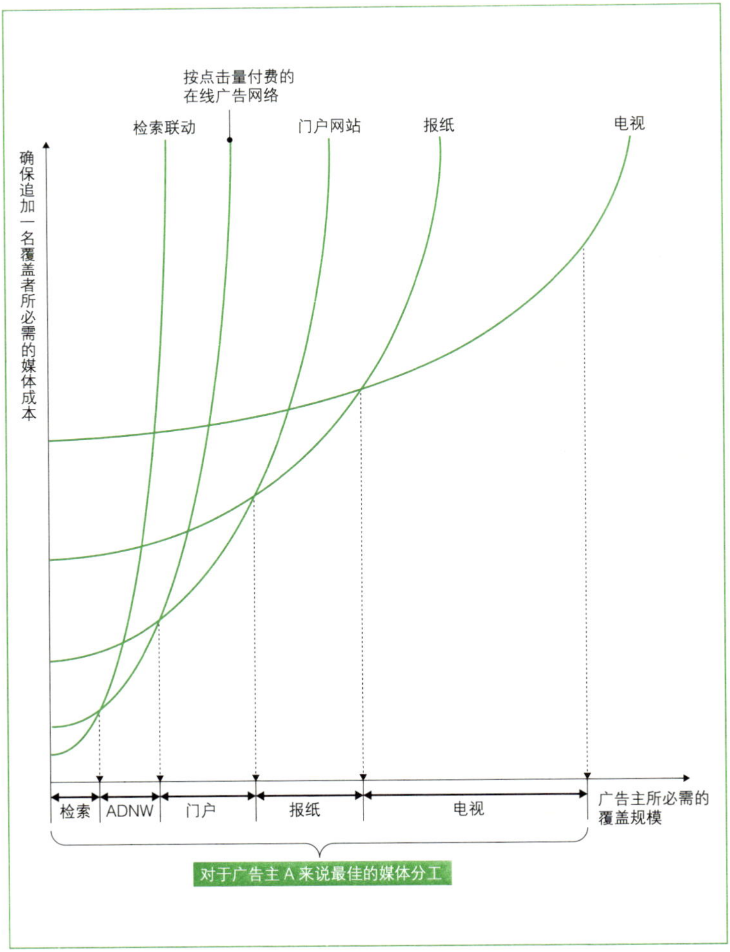

图 1-8　对于 A 公司（广告主）来说最佳的媒体分工是什么

也就是说，一边横跨纸质、网络、电视等多个媒体，一边选择最佳媒体，就好像选择高尔夫俱乐部一样。

和高尔夫运动员从自己所站的位置开始考虑“还有几码？”到球洞内一样，您作为市场营销人员应该思考的是，为了让产品、服务达标，多大程度的覆盖规模才是“最佳”的。

拿高尔夫作比喻去思考，结果变成：

- 必需的覆盖规模 = 从球座到球洞的距离
- 目标精准度虽高但属于规模较小媒体（例如：移动搜索广告）= 球杆
- 赢得理想规模但属于精准度差的媒体（例如：电视广告）= 木头球棒

比如像丰田一样的广告赞助商，以庞大群体的消费者为目标，用高尔夫运动作比喻，等同于远距离球洞，必然会增加从球包拿出 1 号木杆（= 电视广告）的概率。

或者以大家熟悉的麦当劳为例，麦当劳在高峰期月销售额能达到 500 亿日元。假设 1 位顾客消费 600 日元，那么每月累计达8000万人到店消费，基本相当于每个日本成年人平均每月在麦当劳消费1次。这种情况必然会持续引发话题、议论，不仅是在电视广告上出现，还会在电视信息播报节目中出现。

另外，经营美食网络快餐的地方大酱汤店，大体上会存在可销售量的制约。还是用高尔夫来作比喻，是处在轻击杆的过程中，必然不会在轻击杆（=移动搜索广告）外出手。

通过SEO（Search Engine Optimization的缩写，搜索引擎优化）、移动搜索来吸引顾客，经营网购的个人也许在琢磨："电视广告的性价比如此糟糕，大型广告商还依靠电脑操控电视广告，他们究竟是怎么想的呢？"但是，这等同于，只体验过轻击杆的人面对挑战7000码以上的淘汰巡回赛，"一个劲儿地用连传递球都困难的球杆！难道不显得很愚蠢吗？"

对于超大型广告商来说，不采用代表电视广告的离线广告媒体，而采用超水平规模做广告，反而导致无效率。

但是，目标消费群能辐射到的高级品牌、不动产、金融服务业者似乎在等待“以大吃小”，策划在电视类的多媒体上频频出现，也许会导致品牌意识的淡化、咨询解答等成本直线上涨，事倍功半的结果。

市场营销活动并不是“以大吃小”，需要洞察适宜的辐射规模，以区别使用媒体。

既然如此，首先应该考虑的是洞察最佳辐射规模，以实现媒体的区别使用。您在策划本公司产品、服务的市场宣传活动时需要抓住的要领是：需要对接的消费者的规模、能够覆盖的规模，也就是“能让多少消费者动心才好”。

无预算、无权力、无技巧的负责人，如果还停留在“如何让很多人接近”“让更多的人了解，提高知名度”这样毫无明确目标的想象中，就不能解决任何问题。为了确保这次项目或宣传活动的成功，应该从思考“大体上，需要多少人了解本公司与产品、服务相关的信息？并且，为达到必要辐射规模该如何去做？”开始行动。

自己站在恰好打入球洞还有几码的位置，具体该把握的球杆（= 应该使用的媒体）是什么？为达到目标，怎样近距离击球才能准确地把球打入球洞？这些需要落实到行动层面的计划中去分析。

“如果抓住了电视广告，一定能大获成功”，不去思考自己站在过程的哪个位置，时而漫无目的地转动 1 号球杆，就等同于在空想“一杆入洞”吧。

高尔夫球手追求的是“还有几码？”在媒体世界，需要的辐射规模可以用“人数”来表示。在下一章，首先从人数相对较少的 1000 人规模开始，其次，移动到 10 亿人的超巨大规模，这就像高尔夫球场上从短打球开始，再到达长距离球洞一样。移动过程是以什么样的机制在运行？又有什么样的故事情节呢？让您与我一同去感受其中出乎意料和简单连贯的妙趣。

就让我们一边等待漂亮的进球，一边结束第一部分的内容吧。

PART

02

消费者为什么会动心？

——从 1000 人到 10 亿人按照递增规模定位

田端信太郎　本田哲也

1000

0000

0000

打动

“1000人”

考虑打动消费者时，

最少人数为 1000 人。

一旦尝试去打动更多的消费者，

1000 人绝不是一个简单的数字。

接下来通过真实的案例，

探寻能打动 1000 人的条件。

案例 1　支援电子图书馆项目的 800 名志愿者

概说：

累计有 800 名志愿者加入因特网电子图书馆“青空文库”。

被称作“青空工作员”的志愿者自己选择书籍，通过手工操作将书籍进行数字化。

青空文库的年下载量超过 1000 万次。

青空文库是把著作权保护期限到期的作品进行数字化，发布在因特网上可供读者公开浏览的电子图书馆。目前，人们可以下载阅览 12000 部以上的作品。

青空文库起步于 1997 年。网页上登载了以下说明：

“我们以电子出版这一全新策略为友，立志于打造‘青空之书籍’。酝酿培育聚集青空之书籍的‘青空文库’”。

文字录入、校正的工作由被称为“青空工作人员（或者是耕作员）”的志愿者完成。任何人都可以申请从事录入、校正工作，根据个人的判断来选择作品。800 名志愿者加入青空文库的契机可谓是各种各样，既有通过电子杂志的报道而来的人，也有为探寻不知名作家而来的人。

用途涉及多个领域。读者可通过 Kindle、iBookstore、GooglePlays 书架下载电子文本。而且，以国立国会图书馆的“NDL 数字化超大便携”为代表，可在多个公共图书馆检索下载“青空”的电子文本。

在吉卜力[①]动漫电影《起风了》公映的 2013 年 7 月，堀辰雄[②]的小说《起风了》的阅览次数超过了 1 万次。青空文库全年点击量 XHTML 版 5544716 次，文本版 4547274 次（2013 年），两者总计超过了 1000 万次。

青空文库的数据也被用于商业。比如，百元店畅销的

---

① 成立于 1985 年中旬，原附属于德间书店，位于日本东京都近郊的小金井市，目前约有 300 名员工，由导演宫崎骏以及他的同事高畑勋、铃木敏夫等一起统筹，作曲家久石让也为许多吉卜力工作室的作品制作过电影音乐。工作室标识为其代表作品《龙猫》。

② 日本小说家。生于东京，1925 至 1929 年在东京大学国文系学习，曾与中野重治等人创办《驴马》杂志，开始创作。1930 年出版小说集《笨拙的天使》，发表《神圣家族》，受到名作家横光利一的赞赏，成为文坛新秀。小说《神圣家族》取材于作家芥川龙之介的自杀事件，并根据崛辰雄自身的经历创作而成。中篇小说《起风了》（1938）描写一个艺术家同重病的情人节子相爱的故事，着重描绘了节子面临死亡时彷徨、动摇的心境。

大创出版社的《大创文学系列》(全集30卷、目前停刊)、防水特殊印刷厂 Frontier 的《洗澡时也能读的书》系列等。许多青空文库的作品被刻录成 CD—ROM 作为杂志的附赠，也单独销售 CD—ROM。青空文库始终坚持不限于私人、商业应用，不收取回报的理念。

如今，青空文库的藏书量依然在不断增加。开馆以来的第 14 年即 2011 年 3 月 15 日突破了 1 万部作品。目前收录有 12615 部作品(截至 2014 年 7 月 13 日)。

案例 2　下错订单，订了 400 个布丁，通过推特呼吁消费者购买而销售一空

概说：

2012 年日本京都教育大学学生协会误订了大约 400 个布丁。

听到消息的学生通过推特广而告之，当日午后即销售一空。

类似情况接连发生，被人们嘲讽为“误订商法”。

2012 年 11 月，京都教育大学的大学生协会误订了大量的布丁，引起一时的骚动。按理应该订 20 个布丁，由于计算机输入操作失误订了 400 个。粗略估算，会造成 105 日元 / 个 ×3980 个 =417900 日元的损失。

大学生协会一开门立刻张贴出“下错订单了”的告示。告知学生们下错订单了，呼吁购买。

了解真相的学生，通过推特寻求信息扩散。

大概是把陈列架上堆积如山的布丁照片不间断发送到

推特的作用，消息很快被扩散。甚至，有人把下错订单的张姓女职员的形象也发送到了推特上。

布丁当日即销售一空。作为“信息界的美谈”被推上了信息节目栏。

此后，下错的订单在推特上流传，商品被售罄的案例接连出现：“中华盖浇饭 260 个”（东京 24 小时店），花奶油蛋糕 80 个（三重县蛋糕房）……由于类似案例接连不断地发生，一部分网民将其戏称为“误订商法”。

2014 年 6 月底，冈山县超市把误订饭团子的消息发布在推特上以寻求帮助。本应订购 60 个而误订成了 2000 个，可通过努力，一天时间内就销售一空。

Q 通过因特网去吸引更多的消费者，这是否会更有效?

本田：通过因特网广泛呼吁，消费者务必会动心的吧。

田端：是的是的。曾有一个时期，坚信“用好网络，分分钟钟就搞定”的人大量涌现（笑）。其实这些执拗的人并不明白。

本田：说起来啊，要想打动消费者，什么是促使他们自发行动起来的必要条件？首先，信息发送方得花力气下功夫去琢磨这些啊。

田端：得按增长规模的实际情况去改变应对策略，不下功夫不花力气就能扩大消费者规模，在哪儿都不可能发生。

本田：就拿 1000 人和 1 亿人的规模来讲，信息发送方应该考虑不同的方案，采取不同的行动。但也有相同的地方，就是打动消费者的绝对条件。

田端：是的。需要的是“单纯性”，而不是对消费者投入的是带有愚弄、欺骗等表象的热情。对青空文库项目感受到的是，那些从岗位上退下来的大爷有种每天都清扫自家门前一样毫不动摇的使命感。听说大家觉得，反正过一个礼拜的时间就会脏的，但大爷说有我打扫啊。（笑）

本田：哎，明白。无偿打扫的举动，带来的是清洁美丽。因特网的黎明期，尤其在电子书大卖的当今，依然还有人在坚持手工制作文本。我觉得这不是眼前的快感，无疑是颇具使命感的举措。

田端：无论是普通人的圈子，还是志愿者的圈子，大概一开始人们都热情满满，到最后以分裂告终的事儿不少见。但是，青空文库丝毫看不到这种迹象。

本田：始终坚持“非营利目的”真了不起啊！重要的是持续性可行性，录入、校正工作不是靠领导的强权干预，而是工作人员的自由意愿。这其中存在着绝妙的容许度。

田端：即使只有一个人的组织机构如能坚持下去也很了不起的。如果以 1000 人加入为条件，难易程度明显上升。

本田：说起来，组织机构会出现那种情况吧？ 800 名志愿者为坚守一个共同的目标各自在努力着。

田端：如果是 1000 人的规模，人的行为会自发性地出现变化。不需要靠市场调控。

本田：没有必要性，多半也没有相应的成本。

田端：而且，就青空文库来讲，并不因为“成本 = 金钱”吧。

本田：从某种意义上来说是棘手的。仅靠几百人挑战庞大的书籍数字化项目，其本身就是目标。电影《十一罗汉》就是一个例子，靠少数人挑战大项目的行动，让人的情绪高涨。

田端：自己的姓名也许会刻在名作中，抱有这样的传奇色彩的想法……

本田：不知道什么时候起作用了，也不知道对谁起作用了。“不管那么多，反正在做”这样坚定不移的意志和使命感一旦建立起来就很强大啊！

田端：说的是理所应当的事情！

本田：什么？再说一遍。（笑）

田端：要打动人，需要去触动某种感情吧。

本田：嗯……

田端：在多种感情里，实际上有一种容易让人行动起来的感情。难道不是“是不是太可惜了”？

本田：啊！照你这么说，因为下错订单引起很多关注的东西，大多还真是“放不住的食物”。日本人正是从小就受到“不能浪费吃的东西”的教育，才不会视而不见的，也许其中有这个因素。

田端：也有国民性。不能大声地说啊，换在其他国家，同样放在推特网上，可能会出现这样的声音：“不要了就让拿走”“赶紧降价”。

本田：哇！这么一说场景好像就发生在眼前！但是，就是在日本，听说对放不住的东西也有“耐着性子卖”“退货”的言论。

田端：内心真正处于困惑的那种感觉才是最重要的啊。

本田：消费者就在看透背后的行家的瞬间，顿时扫兴。即使一开始是因为同情而接受的，如果重复几次，

“难道不是有意的？”“又来了”等嘲讽的呼声会越来越强烈。

田端：这么说，“下错订单的400个布丁”案例中，大学生协会创作的POP还不错哎！似乎向大家表明我们不会再下错订单了。

本田：可那的确是处于困惑啊！

田端：如今的用户心想：你们不就是在利用企业能赚钱的机关在为自己捞好处吗？你们是在趁机向弱势的用户出手。因为“下错订单了，订了1亿份洗发水……”被营业部部长责骂，埋下头道歉的P&G的职员，也好像给人一种“不知道啊”没什么大不了的感觉。

本田：何止是不在乎？还可能被斥责的（笑）。大公司和个人应该采取的处理问题的方法是不一样的。

田端：可是，Japan Net的高田社长如果说：“今天下错订单，订了100万辆！今天索性放血大甩卖！”他还真就那么卖了！

本田：大公司和个人的奇迹共存！个人或者企业，能让用户真切感受到他们本身是活生生的生命个体，很了不起。

田端：这两个案例中的共同点在于“应该做的事情是明确的”，简明易懂。青空文库属于“翻开书只输入文本”，下错订单属于“在赏味期限截止前大家都来买啊”。

本田：创造“打动人心”的理由真是不易，消费者也会因为一点点理由就不行动了。

田端：如果是 1000 人规模的话，单靠纯粹的激情能让消费者动起来，但是反过来，一旦不好的东西显露，消费者就会立刻不行动了。正因为如此，直接传递“热情”的简单方式应该是可行的。

1000 人心动
而行动的要诀

用纯粹的理想来证实

通过少数人参与策划完成大项目的负债经营正在奏效

越是能够顺利完成的任务越简单易懂

1000
0000
0000

打动
“1万人”

“1 万人音乐会”“动员 1 万人！”

作为象征人数多的大数字，

频繁出现 1 万人。

但实际上要让 1 万人行动起来

有必要满足什么样的条件？

案例 1　拥有 15000 名读者的收费邮件杂志

概说：

堀江贵文的收费邮件杂志发行 10 个月时间，订阅者突破 1 万。

市场在扩大，但是各类邮件杂志的订阅者数量并不明确。

编辑提议有必要把邮件杂志的价位定为 600～800 日元。

在邮件杂志领域引发热议的人物是堀江贵文。收费邮件杂志《堀江贵文的博客，不能说的话题》创刊于 2010 年 2 月。据报道，2011 年 6 月在他被监禁后，仍然继续从狱中向外发布，2011 年 11 月 29 日读者人数突破了 1 万。

2001 年 8 月，MAGUMAGU（日本首次发行、世界最大的邮件杂志）发行了收费邮件杂志《MAGUMAGU PREMIUM》。尽管拥有历史悠久的商业模式，但在当今备受关注的通过网络平台对文本信息进行收费的新模式下，虽历经过多次失败，它仍然是最成功的邮件杂志。尽管

iPad 问世的 2010 年作为电子书籍元年，引起了轰轰烈烈的讨论，但尚未形成独立完善的商业模式。因而，转为电子书籍形式显露头角的是收费邮件杂志。

但是，大部分收费杂志的发行量并不明确。堀江贵文在一次“微笑超级会议”（以再现动画网页上的“微笑动画”召开的写实活动。2014 年到场人数达 124966 人。网上参与者有 7595978 人）上说：“邮件杂志拥有订阅读者 15000 人，刚听说津田先生的邮件杂志拥有 8000~9000 名读者，藤泽数希先生的邮件杂志也超过了 5000 名读者。”

热议的收费邮件杂志价格定位在 600~900 日元左右的较多。这个价位段是能够雇得起员工的大多数同盟者的看法。据堀江的阐述，大名鼎鼎的记者、媒体活跃人物津田大介由于经费紧张，廉价雇用了编辑，既不能保证一定的质量，也不能维持购买读者的数量。

堀江还讲道：“我觉得，发送收费邮件杂志，300 人是一个水准，如果超过了 300 人，不但发送方扩大购读者的愿望增强，也会进入一个良性的螺旋式状态。”

案例 2　Facebook 的活动邀请通知出现失误，几千名陌生的年轻人纷至沓来

概说：

2012 年 9 月，在荷兰一个 16 岁少女的生日当天，4000 名陌生人蜂拥而至而引致场面失控。

原本是通过 Facebook 向朋友发送生日聚会通知，因为失误发送给了 3 万人。

2011 年在德国发生过类似事件，但始终是和谐的气氛。

2012 年 9 月，荷兰，一个少女的生日聚会，素不相识的年轻人蜂拥而至引发了骚乱。仅有 18000 人的小镇，大约有 4000 名年轻人集结于此，这一切源于 Facebook 上的错误操作。一个 16 岁少女过生日，通过 Facebook 给朋友发送了聚会邀请函。由于搞错了设定，刹那间，不仅给朋友，还给不相识的人发送了生日聚会的时间地点。

据报道，看到事态严重的警察把少女和她的家人转移到其他地方避难，封锁了通往住宅的道路。到来的年轻人

向路面停放的车辆放火，袭击商店，小镇一时间陷入一片混乱。大约 600 人的警察机动队出动，约 20 人被拘捕。

实际上，过去也发生过同类事件。2008 年，在英国一个高中女生的生日假面舞会上，有 2000 人涌来。2011 年在德国，同样是通过 Facebook 发出一个 16 岁生日晚会的通知，由于失误向全世界公开了信息。

案例 3　来自 49 个国家，超过 2 万人参加的情书志愿者活动

概说：

在美国，有发送手写情书的志愿者团体。

创建者是一名女子。她以亲身经历过的忧郁症为契机，发起了发送情书活动。

目前有来自 49 个国家，超过 2 万人参加了情书志愿者活动。

在美国，人们成立了发送手写情书的志愿者团体。来自 49 个国家超过 2 万人的志愿者参加，向陌生人发送情书。创建者是美国女子 Hannah Brenche，她在 25 岁左右发起了这项活动。Hannah Brenche 大学毕业后，一度陷入忧郁状态，突然下决心写信。据说写了几十封没有固定收信人的信件，她把写好的信件放在咖啡屋、图书馆、联合国机构等城市的各个地方。

进一步，她通过自己的博客征集“想要信件的人”。征集

发出后，她收到了来自各行各业、素不相识的人请求帮助的回信，这其中，有受人欺负而痛苦的女子，也有单身母亲。

Hannah 用 9 个月的时间，手写了 400 多封情书，邮寄出去。在这个过程中，她确信，无论是给收信人还是送信人带去的都是“治愈（良药）”。她以亲身体验为契机，设立了志愿者团体“The World Meeds More Love Letters”。

志愿者在执笔书写饱含满满爱意的信件的同时，把想要情书的人和想写情书的人联系起来。这种利用团体的主页，既能预约希望收到情书，也能获取希望得到情书的人的名单（仅限于英语）。

Q 当心动的人数从 1000 名增加到 10000 名时，会发生什么变化？

本田：作为标志，无论如何因特网都是最耀眼夺目的。它不单单是信息扩散方法，我们还看到“正因为是网络才有变化”。

田端：收费邮件杂志也一样啊。不读的话总觉得有种罪恶感……

本田：掏钱的就是田端你吧。

田端：我觉得网页内容“如果没什么兴趣，就不读。不读，那不是自己的问题”，可为什么觉得电子邮件杂志是“特地让人发送来的，如果不读就过意不去”呢？

本田：不用过意不去。但只需访问邮件杂志就能看到内容，每一个读者也许会产生和发行人有缔结关系的感觉。

田端：大概，邮件杂志能让人产生那种感觉的话，那想复印多少就复印多少，想转送多少都行。可是，他们绝不会那么做。说是 DRM（管理保护数字文本的著作权的技术的总称，目的是限制违法复制品的流通使用）什么的，出版业界的人士都在拼命捍卫着，他们又怎么看这种状况呢？

本田：不会了解到那个程度吧？

田端：啊！是的。甚至把和当作促销手段的某个人不阅读的邮件杂志区别开来，奇怪……。

本田：有邮箱的人都能成为订阅者，应该是极其强大的力量。和电子书籍一样，手机、智能手机、笔记本等等不存在对应机型的障碍。

田端：提到“障碍”这个关键词，邮件杂志有时能跨越障碍啊。堀先生的受欢迎的邮件杂志内容之一，设有他本人不断解答读者提出疑问的专栏。

本田：交互式！好像是从前的收音机、听众明信片、FAX 的专栏。

田端：刊登的是些毫无关系的人，为何还有亲近感？就说堀先生，从读者的角度讲难道不是遥远的存在吗？他最近在很多活动中露脸，表达直截了当，头脑也很敏锐，我也和他面对面交流过。

本田：多方面的遥远（笑）。

田端：但他不正面回答你感兴趣的问题，你没有这种印象吗？尽管如此，在邮件杂志的专栏中，无论遇到多么无聊的问题，他都给予回答。

本田：一发现认识的人投稿，就很开心（笑）。一知道是同一邮件杂志的读者，似乎总觉得有连带感。

田端：嗯，有！听说碰到订阅同一邮件杂志的人，要握手。

本田：正因为参与其中，才可能获得同感啊！

田端：要想打动1万人，必须去关注人最根本的诉求或本能。比如，4000人蜂拥而至生日晚会，是因为对方是个十几岁的少女啊。

本田：如果是大叔的话，人们就不会那么兴趣高涨吧……

田端：如果是超级美男子也许有可能。但基本上是通过这种不靠谱的事情结成党徒来煽动气氛的……

本田：是男人吧！到任何时候，说是孩子？还是永远的思春期？

田端：在网络的另一端，是善意恶意交织在一起的精彩实例！

本田：已经超越了善恶的意义。大概有用的东西，总暗含着“想被谁认可”的可怕欲求。

本田：的确是的！收到情书的人，当然会因为写情书的人倾注了爱而得到极大满足。

田端：照那么说，和日本人的情书有点儿不一样。正因为饱含伟大的人间真爱，才会达成。行为的目标单纯而明确。

本田：只是“写信”吧？

田端：如果不惜花费时间和工夫，对谁都可以。

本田：如果说“再多点儿爱！”只想想而已，不可能动心，也不动心。但，假如是“快给无人照顾的孩子们关爱！”这不是想得到捐助吗，有人觉得他看透了。

田端：有必要把那种消极的看法变成不清不明的陶醉感。

本田：连带感和狂欢节般的高涨气氛是必要的吧。即使只有 1 万人的规模，如果先展示出纯粹性、达到目标任务的简单易懂性，人们就会展开行动吧。

田端：荷兰的实例，完全呈现的是超越了善恶的纯粹感。

本田：因特网作为媒介，在人们动机的形成扩展中展示了不可替代的优越感！虽然有时也会增加对人生、社会完全无益的动机生成。

田端：啊，想起不错的实例了！“2 频道湘南垃圾捡拾中断”尽管让电视局生厌，但机制非常见效。也成为电视化“的确是好事儿”说的反命题了啊。而且，因为捡拾垃圾本身是“好事”，所以谁也不会横加责备。

本田：荒唐可笑。虽说纪念活动要有气氛，但热闹得过头了，也很无聊。庆祝生日接待来客，接待错了引起了骚乱，谁都能理解。但是，既然是纪念活动就需要遵守一定的规则，不能太过分了。

田端：像这种情形，最初的动机掺杂了善意以外的东西。若是单纯的冲动，其中的善意、恶意会一目了然。如果带着善的动机而来，会出现世界杯比赛后的垃圾被捡拾带走的景象；如果是带着恶的动机而来，结果会出现在涩谷随意横穿交叉路口的流氓骚乱。

本田：即使在1万人的集团，构成核心部分的是1000人，他们目标清晰，共同担当任务。但是，后来加入的人即便是心中无恶意的，也没有要和前面的人一样有共同担当的想法。正是从1万人开始构成共同体的成员，开始结构化……。

田端：尽管内有充满理想的核心层，那些抱有无处可去欲望的人仍然在周边蠢蠢欲动。

本田：总有点儿可怕啊……

田端：实际上，我觉得荷兰的女子、家庭是可怕的。因为她们的真实面目无从而知，其同伙会原形毕露。

本田：到 1 万人程度的话，作为整体的连带感无法维持。

田端：和动机的好坏无关，啊。

1万人心动
而行动的要诀

激发人最根本的诉求或本能

形成共同体的构造

酝酿整体的连带感

1000
0000
0000

打动
“10万人”

“收费登录人数突破 10 万人！”

“累计到馆人数达到 10 万人”

理应逾越的障碍有不少，

但能把握住的就是10万人这个数字。

打动 10 万人的心、

促使他们行动的要诀是？

案例 1　1 秒钟 143199 次 Twitter（推特），刷新了推特世界纪录的“巴鲁斯祭典”

概说：

每逢电视播放《天空之城》，定会同时出现“巴鲁斯祭典”。

公认为“巴鲁斯祭典”在网络告示板“2 频道”上自然出现。

2013 年播放瞬间的推特 1 秒钟达 14 万次，刷新了推特的世界纪录。

每逢电视播放吉卜力的动漫影片《天空之城》，定会同时在网络上出现“巴鲁斯祭典”。“巴鲁斯”是影片结尾主人公们念诵的毁灭咒语。由于用户同时多次向服务器写入，服务器负荷急剧加大，导致网络瘫痪，就像带来“毁灭”的文字一样，受到关注。

当公共电视一开始播放，网络上和“巴鲁斯”有关的话题频频出现，当天，有人一边观看电视节目，一边念诵“巴鲁斯”，为的是让服务器瘫痪。这样的流程在电视节目重播时就被重复，在网络上只要有人发现便会趁机而入，扩张圈子。问到参加过“巴鲁斯祭典”的人，他们说听到“念诵‘巴鲁斯’时瞬间的一体感很开心”“提心吊胆地盯着服务器看，是要瘫痪，还是挺得住，真是惊险”等感想。2011 年推特每秒推送量达到 25088 次，创世界新纪录。

当在 2013 年播放时，涌现出利用“巴鲁斯祭典”进行促销的网络企业。动画网页“微笑动画”上设置了“巴鲁斯微笑会场”特别网页。伴随着作品的播放，推出由吉卜力制造商铃木敏夫等人出演的实况节目，同时呼吁推特“巴鲁斯”。设置了轻轻一按就能投稿的按钮。雅虎在便携式顶端设置了“巴鲁斯”按钮，只要按下按钮，雅虎画面就会立刻坍塌的机关。

推特公司把“这次‘巴鲁斯’该会怎样呢（让服务器顶住啊）！”设置为公开的用户权限，以此来煽动网民。

播放当天，游戏平台、亚马逊、肯德基等企业公开账户、中川翔子、真锅香织、田村淳等名人也不断念诵“巴鲁斯”。田中将大推特“没看巴鲁斯”、“基本上不知道巴鲁斯的意义”。在不了解作品的情况下，趁机加入祭典的人不断出现。

其结果是，投稿数量每秒上升到 143199 推特，远超当时的世界纪录——新年问候“新年快乐”（每秒 33388）。

案例 2　为不久于人世的患者寻找捐赠者，网页访问量超过 15 万人次，超过 2 万人注册了骨髓库

概说：

硅谷创业者 Samir Bhatia，31 岁，被宣告患白血病。

友人同行伙伴共同推广建立骨髓库捐赠者。

网页访问者超过 15 万人，也发现了配型相同的捐赠者。

硅谷创业者 Samir Bhatia 在 2007 年被诊断患有急性骨髓性白血病，年仅 31 岁。医生宣告如不进行骨髓移植，患者的生命仅剩几个月的时间。

但是，在美国骨髓库中没有发现可移植的捐赠者。在 800 万人以上的注册者当中，和 Samir Bhatia 同为南亚出生的比率仅为 1.4%。Samir Bhatia 和朋友们认为“如果南亚出生的注册者人数增加到 2 万，将会出现具有可移植配型的捐赠者”。

Samir Bhatia 和朋友们从发送邮件开始。在以“致亲爱

的朋友”开头的邮件里，说明 Samir Bhatia 的困境和人品、能力、业绩等情况。

“请求您抽出一点儿时间来读读这封邮件，我的朋友 Samir Bhatia 被诊断为血癌——急性骨髓性白血病（AML），需要立即进行骨髓移植。Samir Bhatia，硅谷创业者，31 岁”。

并且，邮件简要传递了三点请求：

第一，希望注册捐赠者。

第二，扩散这个消息。

第三，了解急性骨髓白血病。

所有项目内容添加 URL，任何人只要点击就能获得详细信息。

邮件发送给了 Samir Bhatia 的朋友、同事伙伴，大约超过了 4500 人。收到邮件的人进行了转发，48 小时后 35000 人收到了该邮件。

接着，又展开了“拯救 Samir Bhatia”的宣传活动。利用 Facebook、YouTube 在全国范围内展开了捐赠者募集活动。11 个星期后，超过 2 万人注册了骨髓库，网页访问量超过 15 万人。而且，从宣传活动开始后不到几个月的时间，就发现了配型相同的捐赠者。

案例 3 粉丝俱乐部拥有会员 22000 人，年销售业绩达 8 亿日元的超凡导游

概说：

尽管旅游业界在备受煎熬，但仍有导游实现了年销售业绩达 8 亿日元。

超凡的导游说“旅行是建立交流的地方，提供非日常生活的地方”。

个人利用 Facebook 积极发送生动的旅程照片。

根据观光厅的调查，2000 年后，国内住宿旅游人数呈现减少趋势。海外旅游人数从 20 世纪 90 年代中期开始成倍增长。有名气的旅游业界人士的接待量与上一年同期相比减少了 10% 左右。在这种形势下，号称“浪花超凡导游”的平田进也创年销售 8 亿日元的业绩。年策划旅游线路 50 条，每年约有 150 天行走在旅途中。

从策划到招募、导游，平田一人身兼数职。在旅途中，他寻问客人：“如有这样的旅行您想去吗？”若有人举手说

“参加”，他当场就会招募，决定行程。省去策划书的制作、会议的召开等环节。一旦行程定下来，通过网络宣传，启动提前预约，也通过电视、广播进行宣传。

以此，实现了家庭主妇代替丈夫展翅飞翔的“复仇行”，享受大阪醇厚美食的“大阪浓浓行”等独具特色的旅行项目。仿佛让人感觉到漫谈人物绫小路（日本动漫《樱兰高校男公关部》中人物）的奇思妙语。既有男扮女装气氛热烈的宴会，也有装扮的韩国人气明星裴勇俊。他还扮成一只羊迎接客人。但是，这些种种奇妙的点子也只不过是讨人感兴趣的诱因而已。

平田说：“无论你准备了多么精彩的旅行，客人感觉不到的话也白搭。相反，外表装扮得多华丽，内在的东西差一点儿，也是摆设。很快就让客人厌烦。”

平田一贯主张：观光大巴去哪里不是问题的核心。要关注的是让旅途中的人成为好朋友。结果，经常有原本独自一人来的女性在旅途中结识了朋友，说“咱们下次住同一个房间吧”。还提出“驴友们想聚聚，请给策划策划”的要求。

平田积极利用Facebook，作为朋友保持联系的人数约3500人。平日里，他撰写旅游地的美食、风景、土特产等等。

“选出能让人感受到是志趣相投的人在一起旅游的图片。比如旅途中的美食。‘哇，能吃到这么大的螃蟹！’看到的人，您想加入吧？最后，有人从冲绳、北海道来加入由大阪出发的旅行团”。

“复仇观光团”连续发售20次，聚集游客人数300。通航3年的韩流观光吸引游客约15000人，销售额达9亿5000万日元。平田的旅行团回头率超过90%。平田进也成立的粉丝俱乐部“进子俱乐部”中，以成年女性为主的会员突破22000人。目前还在持续增加。

Q 凭借个人的力量可以打动“10 万人”吗？

田端：如果是 10 万人，凭借个人的力量能打动他们吗？

本田：假如有一个强影响力的领头人，也许能打动 10 万人。巴鲁斯祭典正是起到了领头的作用。

田端：那是一种动机表现在外部的模式啊。“硅谷的创业者”的位置就是。

本田：的确是。不认识的人对你说“请您加入骨髓库”，你不会有反应的。但是，一旦感觉到某个人的地位、人品有价值，人们会心动。

田端：如果是没有社会地位的人发出的 SOS，我们可能心怀叵测地去想：这人是真的吗？这是现实。

本田：社会地位、人品成了判断支持一个人是否有价值的标准。

田端：“乱喝酒损坏了肝脏。不马上手术的话很危险，可是没有钱”，收到这封邮件的人，会觉得写邮件的人是自作自受，不予理睬。

本田：相反，如果邮件是“扎克伯格患病请求捐款”，从世界各地来的支援者会蜂拥而至吧。

田端：有受到社会评判左右的一面。有人很气愤：“太过分了”，但事实就是事实。有头有脸的人在危难的时候能获得帮助的概率大。

本田：所以过去的人说：“什么时间发生什么事情不知道，要对他人好。”参加者也懂得“自己之外有主角”。

田端：巴鲁斯祭典，看不到“人脸”啊。但了解作品里那个世界的人不少。

本田：祭典本身没有领头人，但《天空之城》作品代替人发挥着作用。加上作品本身的知名度，在祭典多次举办的过程中，“巴鲁斯”咒文扩散着，人们起哄式地一哄而上。

田端：理应通过推特，念诵“巴鲁斯”，加入到祭典活动中。加入的人一起念诵咒语“巴鲁斯”，为毁灭拉普达城。但有些人瞎起哄，趁机加入进来念诵“巴鲁斯”，是为体验服务器瘫痪，瞬间带来的快感。对祭奠活动感兴趣本是件好事，但造成这种结局，推特公司也只能哭笑不得啊。

本田：如果是日本的移动公司，正月举办地区限制活动，就好像在说“请停止使用”。

田端：岂止是到发表时数数推特有几个。真有某种共犯关系的感觉。加入，然后去完成世界纪录，也是动机的一种吧。

本田：10万人的规模，参与者之间记不清对方的面孔，整体感淡漠。但也许会产生一种真切的感受，自己所在的团体是世界的一个组成部分。

田端：1万人的规模，感觉很有存在感，好像被喜欢的故事情节迷住了，为自己描绘着《我的故事》。到了10万人的规模，感觉不到存在感了，自己的故事不是由自己来描绘了，都是由自己以外的某个人在描绘。

田端：我觉得平田抓住了职业观的本质。他的曲艺节目不仅能引起客人的兴趣、还紧紧贴近普通人的欲望，有种在家里的感觉，想打听、窥视别人隐私的感觉。

本田：旅游的着眼点一个一个都是最棒的。“复仇游”项目首先走进日常生活中从未进过的高级酒吧。不知道有什么仇，太太们平日里无论怎么说也在受着折磨吧！

田端：是是。那些妇女们的愿望，只有用这样那样的办法去刺激。“听说韩流明星要去”，如果一个人去会感到恐慌不安，那么加入旅游团的话，就可以颁发“应该和大家一起去”的免罪符。

本田：“红灯信号，如果大家一起过就不怕”啊。不道德感和共犯意识结合起来，假设是一个人，那种不好意思迈出步子、没有道德感的窃喜占了上风，可想着“因为大家都这么做”，迈出步子就变得不难为情了。

田端：J-Mens Tokyo 店[①]流行的时候也一样。中老年妇女乘坐观光大巴到目的地的场景简直热闹极了！

本田：靠性感美女招徕男性的“HOOTERS”也许一样吧。蠢蠢欲动的几个人搭伴儿去了。谁都觉得克制点儿的

① 90 年代掀起一大热潮的展示俱乐部。靠外国男性舞者的脱衣舞博得了极大的人气。

话没什么不好，但还是冠冕堂皇地说“因为受邀请吗，只好跟着一起去了”。

田端：辩解称“为学习社会体验”。只要是在媒体上热议的话题就容易行动。平田他们准备好那样的辩解理由也很恳切嘛！

本田：假如听到 10 万人的数字，感觉是一个不知该如何应对的人数。但是，看这次的实例，知道单靠一起转发邮件的办法是得不到结果的。

田端：平田，也不靠大量的 DM 方法，而是利用 Facebook 那样的社交媒体。

本田：在大家一起旅行的途中，一想到下一个行程，马上召集“如果组团的话想参加的人！”凑在一起，预估一下参加人数，平田的这种模式是非常值得模拟学习的。

田端：正是因为他的做法，才能挖掘出客人潜在的需要。

本田：Samir Bhatia 的案例中，邮件发挥了作用，但并不是 DM 靠一方大量地有针对性地发送邮件。从 Samir Bhatia 朋友那里接到邮件的人，把邮件再回复给朋友，这样一来，以个人关系为基础，其结果得到极大程度的扩散。

田端：说到巴鲁斯祭典，谁也没有被依靠（笑）。从旁边看到，有人在推特上很有兴致地加入，或者是看到媒体上登载的信息，了解到了祭典，顺便就参与策划进来。

本田：“可视化”也好像成为重要的关键词了啊！

田端：在传播信息时公布具体的数字也一样，用可视的形式展示链接关系也是有效的。就像平田的粉丝俱乐部、Samir Bhatia 的印度籍团体，一旦卷入团体中，接下来，即使不那么目的性很强地去靠近，他们也会自发地行动起来。

10万人心动而行动的要诀

存在“并非自己的某个人”创作的故事或本能

提高共犯意识促进行动

公布（消费者行动）的具体数字

1000

0000

0000

打动
“100万人”

如同说“销售 100 万”一样，

100 万是表明大卖的一个指标。

理所当然，

靠一根绳子不会打动人心。

深入挖掘复杂化加剧的机制。

案例 1　每天向 100 万人推荐雀巢咖啡的大使们

概说：

“Nestlé Japan Ltd.”免费提供“雀巢咖啡”的咖啡机。

从项目启动约 1 年半的时间，大使人数达到 10 万。

大使们能第一时间获得用户对新产品的意见，在多个领域发挥着作用。

24 小时便利店正式展开自制咖啡的销售，使业界竞争更为激烈。“Nestlé Japan Ltd.”推行独家“雀巢咖啡大使”制度。应征者可以在办公室免费使用“雀巢咖啡”的咖啡机。“Nestlé Japan Ltd.”销售咖啡机专用容器而获得收益。咖啡价格一杯约 20 日元。

开展定位办公室需求食品业务的企业有很多。与以往其他服务的最大不同之处在于，这项服务从咖啡容器的购进到补充、收款，全部交给大使们。

这项制度于 2012 年 11 月正式启动，经过约 1 年半时间，大使人数达到了 10 万。假设在每个工作单位 10 人使用一台咖啡机，1 天内约有 100 万人在饮用“雀巢咖啡”。

大使们的作用不只局限于“职场咖啡的联系人”。“Nestlé Japan Ltd.”开展以大使为对象的小组采访、问卷调查等活动，还征集关于新产品、服务的认可度。盛情招待大使、他们的家人、朋友等约 5000 人。

2013 年 12 月，开设了可使用胶囊式专用喝茶机（Nestlé Special T）的新课程。策划扩大办公室对红茶、日本茶的需求，2014 年夏季，通过大使，在办公室设置了冰咖啡专用冰箱。

案例 2　31 万户家庭安装，温水洗净座便器普及率全国第一的富山县

概说：

富士县温水洗净座便器普及率达 81.9%，远超全国平均水平。

富士县温水洗净座便器家庭持有率、每 100 户的改建户均为全国第一。

从 1980 年开始，致力于打造“舒适卫生间”。

根据总务省的“全国消费状况调查”（2009 年）统计，日本温水洗净座便器普及率排名第一的是富士县，普及率达 81.9%，远超全国平均水平的 68.8%。约 31 万户家庭安装了温水洗净座便器。

富士县的温水洗净座便器家庭持有率全国排名第一（78.3%），每 100 户家庭的改建户数全国第一（2010 年“国情调查”的数据）。夫妻双职工家庭比率全国第三，每户每月的实际平均收入 612354 日元（有两人以上的家庭的

劳动人口）。因这一地区的平均收入远超全国平均水平的518506日元，有改建要求的户数比率居高而广为人知。

富士县1988年起启动了“打造舒适卫生间”配套项目。当时在任的县长中冲提出“观卫生间知其家，观卫生间知富士县”。制作“舒适公共卫生间的设计、维修管理手册”，投入公共卫生间的新增和改建。从1989年到2007年的18年间，还多次召开富士县商品竞赛。每年选定5~6处、共87处的卫生间，完善舒适。

近年，在山岳地区推进环境保护型公共卫生间装备的过程中，与环日本海卫生间协会（NPO）共同开设了“富士县卫生间地图”网页。对县内455处的公共卫生间，从地点、座便器类型、温水洗净功能、肛门保护功能、有无护理床等方面进行了调查，将调查结果挂在网上为民众提供便捷的查询。

案例 3　40 万以上的女性憧憬的全新生活方式——“女性创业沙龙”

概说：

在自家发挥兴趣特长、传授技能的“女性创业沙龙”备受关注。

0~9 岁孩子的妈妈们有半数回答“想开沙龙”。

“女性创业沙龙”拥有实实在在的凝聚力，与“有闲太太的业余时间”的形象正相反。

家庭主妇把自己家作为沙龙对外开放，传授发挥个人爱好的料理、插花，被称为“女性创业沙龙”，引起热议。其中，报名参加“超凡女性”授课的名单已经预定到几年以后了。

由厨房制造 / 清洗商经营的日本最大的女性创业沙龙团队网站，大约有 1400 名女性登录。每个人拥有 50~300 个学生，也就是说 7 万 ~40 万规模的女性和创业沙龙有关。再考虑到还有尚未登录的人，潜在的规模会更大。调查结果表明，孩子 0~9 岁的妈妈们，约半数以上的人“想开办沙龙”，近 90% 的人表达了想参加的愿望。

一般社团法人日本创业沙龙协会代表理事桔梗有香子，自身有参加创业者活动的经验。在大型料理教室工作 14 年后，2012 年在芦屋的自家住宅开办学习沙龙。料理、面包、点心、小甜点等，学员们能在一个地方练习多项技能，是这个沙龙的特色服务。运营 3 个月时间学习人数突破 100 人，1 年后一个月加入的累计人数超过 200 人。

桔梗有香子说：“沙龙刚开始基本上是靠口头相传。半年过后，说‘在博客上看到的’人多起来了。现在也开办培养讲师资格的讲座。为立志做讲师的学生通过微博、SNS 发送信息。”

沙龙实行的是每次预约、每次结算。月结算制度虽易于核算定位，但也会局限于单一的课程学习。学生中，既有一周上多种课的人，也有半年过去才出现一次的人。很少有课前取消上课的现象。桔梗说：“大概是因为原本规定就宽松，没有强行预约的必要，与其说是老师和学生，不如说是像朋友间亲密的氛围也在发挥着作用。”

协会于2013年11月开办了日本第一家取得小甜点资格证书的讲座。8个月后，隶属于协会的沙龙创业女性超过了300名。活动从北海道扩展到九州、海外，对激发各地的沙龙创业女性的能动性发挥着作用。

Q 要形成100万人的规模，是不是解释起来很复杂呢?

本田：100万人的规模，它的结构体系也在变化，伴随出现人数的增多，出现新动向的概率也会变大吧。

田端：非要把创业沙龙的女性和超级导游做比较的话……

本田：不寻常的比较（笑）。

田端：但也容易进行比较啊。参加平田观光团的客人性别与立场可谓是多种多样。在可创业沙龙中，教授和学习的全都是女性。邻近的家庭主妇们把自己拿手的茶道、插花、钢琴等技艺教给别人，感觉和传统的“技能学习”很相似。

本田：这是一种商业模式，但又不能完全成为商业的氛围啊。

田端：越是做到很成功的程度，反而出现客人认为“这哪是创业沙龙啊”“和我要的不一样”从而离去的风险越大的情形。即使培育出好多创业沙龙，但要到达顶峰很困难。

本田：带着结构体系的矛盾。

田端：“在自家的起居室教授拿手料理”是卖点，可一旦扩建，也仅仅是厨房的工作空间变大了，变成料理研究室了而已。不过就是由新变旧。

本田：那么说的话，市场定位 1000 万人规模也许有执行不下去的可能。定位到大约 100 万人的规模才是灵活应对的模式吧。

田端：每次浏览《VERY》①想到的是专职家庭主妇们对“专职主妇以外”的称号、地位的羡慕感。不想被人认为她们“远离尘世呀”，“挣扎抵抗呀”，“就是主妇呀”，所以，压力蛮大的。

本田：尽管家庭主妇不容易，但有工作的女性被称为“职场汉子（Working Man）”，也不得不上班工作。这么说的话，创业沙龙对女性真是恰到好处。

---

① 1995 年创刊，在以 30 岁女性为主的时尚杂志中发行量位居榜首。杂志的首要内容是潮流走向和人气单品介绍，由于精挑细选，每一件都质感精致。杂志提供穿着搭配上的建议，并随时补充化妆、保养、指甲彩绘等造型相关的充实信息。同时也收录了不少女性所需的生活话题。

田端：对家庭主妇来说，白天的家就是自己的势力范围。如果突然有一天，她告诉自己丈夫“我想开一家面包店”，丈夫会很为难。所以，白天用自家的地方，全家人也不会反对的。

本田：而且，她一说“叫朋友来”，家人找理由拒绝也难以开口。

田端：说的是啊。容易得到家人的同意，是到目前为止沙龙的数量还在继续增加的原因吧。

本田：易带来附加值也是沙龙的优势吧。如果仅用料理决胜负，那就没什么意义了。因为“创业沙龙”的“闪光开心的生活方式”是招牌，发挥原有的拿手模式就可以。

田端：就客人而言，有种“因为喜欢而在做，不会花费离谱的价钱”而获得的安心感。同时，也满足了想探探别人家的样子的好奇心，获得一种特别的感觉。

本田：比起去“在六本木最高层的会员制酒吧”，“有常去的沙龙”似乎被认为更有价值。

田端：与其在高档餐厅参加聚餐宴会，不如说“被好朋友邀请了”显得更实在。

田端：那样的话，“喜好与厌恶”的人际关系成为交往的基础。

本田：好像还有纠缠不清的人际关系。

田端：据说餐厅是不能学到真传的地方。“因为是朋友”，所以不公平、没价值等等都不存在，这才是沙龙的开心处。不是资本主义（金钱权益）的机制在运行，而是愿意叫做“朋友主义”的、不可思议的机制在运行着。

本田：和“富山的洗净座便器”的共同点在什么地方呢？

田端：直率地说吧。面子！

本田：你，又这么痛快！

田端：有的人虽想着“真不想要啊”，最终还是安装了温水洗净座便器。但也不怎么使用，还是在用手纸。这一点儿也不奇怪。

本田：不是浴缸，TOTO 的温水洗净座便器很有意思啊。

田端：浴缸是不能随便让谁都进去的私人空间，可卫生间是提供给客人使用的。

本田：正因为是具有公共属性的场所，才值得投入力量。

田端：亲属关系，某种程度上是为了撑面子，相互走得比较近的关系。富山是全国日照时间最短的地方之一，所以好多人家屋顶上架着发电用的太阳能板。

本田：这世上好多事情能解释清楚也许很重要吧。是重视对社会认可的项目投资?

田端：我认为创业沙龙毫无疑问地也介意卫生间。

本田：能够看出，雀巢咖啡大使制度是在把诸如“我就是喜欢咖啡啊”这样强烈的意识在向周围人传递。

田端：的确是“知道不同之处在哪里的人”啊。一般的速溶咖啡、听装咖啡除外，要从咖啡豆开始研磨咖啡实在太麻烦了。作为公司，不占用职员的时间，为客人提供咖啡，可以宣传公司高品质的待客之道。

本田：如果是要打动100万人的规模，创造出有魅力的标签非常重要。一旦到达这种程度的规模，创造出自己的标识也是有难度的。

田端：在每人消费 5 万日元的餐厅请客，不如说是请客的人有面子。“提供者”“顾客”“消费者”之间的关系在发生着变化，能巧妙应对多种角色的人也多了。带着各种时代特色标签的生活方式已很大程度上扎根在我们身边了，也许我们觉得从中能区分所谓的成功与失败。无论制造出多么冠冕堂皇的称谓，如果是在某种程度上没有得到认可的东西，也会导致无价值。

本田：100 万人的规模，要满足每个人的动机很不易。有必要满足某些虚荣心、认可、诉求，并不是某一个人在牵制着市场，小道消息式地扩散信息（大众传媒）就从这里来的吧。

100 万人心动
而行动的要诀

发明有魅力的标识

“面子”出现

满足认可需求

1000
0000
0000

打动
“1000万人”

在日本，1000 万人行动相当于
全国人口 10 人中有 1 人在行动。
当然，需要时间和精力。
如果弄错了方向，
白费功夫。

案例 1　东京马拉松再次掀起高潮，日本的跑步爱好者突破 1000 万人

概说：

占全国人口 9.7% 的人回答“过去 1 年里跑步健身”。

日本第一次马拉松赛始办于 20 世纪 70 年代。

2007 年，东京马拉松赛掀起第二次马拉松热潮。

根据笹川体育财团公布的“关于体育生活的调查（2012）”，预估日本跑步健身人数自 1998 年调查以来，首次突破 1000 万人。此项调查是笹川体育财团 2012 年 6~7 月，以全国 2000 名成年男女为调查对象展开的，其中 9.7% 的人回答“过去 1 年里跑步健身。”由此，财团推算有约 1009 万人坚持跑步。

日本第一次马拉松热潮可追溯到 20 世纪 70 年代。根据 1964 年《关于国民健康体力增强对策》的内阁决议，第二年召开了“增强体质国民会议”以推进“增强体质运动”。1978 年厚生省启动“增强国民健康计划”。受 1979 年举办

的首届东京女子马拉松赛的影响，市民跑步爱好者急剧增加。同期也出现了围绕皇居跑步的爱好者。1968 年发起了每周日早晨 8 点集合，广播体操后，自行围绕皇居跑步的“千代田跑友会”。1974 年《月刊春秋》报道了“寻常百姓跑皇居”这一活动。

2007 年东京马拉松赛举办，第二次掀起马拉松热潮。第一届东京马拉松赛的抽签倍率为 3.1，第二届为 5.2，第三节为 7.5，逐年在攀升。还有许多想跑但未能中签的爱好者。2011 年到 2012 年大阪马拉松、熊本马拉松、名古屋女子马拉松赛等，城市市民马拉松赛在各地召开，频频出现人气大会从申请报名开始仅几个小时定员 5000~1 万人参加的情况。甚至还诞生了“马拉松难民”这样的词汇。

有人指出，马拉松运动之所以如此有人气，是因为这项运动不需要任何特别的器材，轻松参加的特点与社会状况比较契合。

在人数扩大的过程中，“因为中签要开始跑步”的人也多起来了。绕着名胜古迹跑的“观光跑”也登场了。在全国各地举行的“甜点马拉松”，供水站点备有当地的甜点。而且，观光代理商 Club Tourism 举行的“吃马拉松”，举办赛后泡温泉、洗澡流汗、参与者的交流会等多项活动。

2014 年的第 8 届“东京马拉松”，抽签倍率为 10.3。将有 36000 名跑步爱好者、1 万名以上的志愿者、超过 170 万名的观众齐聚一堂。

案例 2 “剧团四季”《狮子王》的年观众总数为 909 万人

概说：

“剧团四季”的音乐剧《狮子王》累计公演次数突破 9000 次。

首次进行长期上演，源于 CATS 高额的版权费。

“四季会”会员超过 18 万人。占观众总数的 3 成。

剧团四季[①]的音乐剧《狮子王》自 1998 年 12 月后，持续上演。迄今为止，观众总数达到约 909 万人。

剧团四季独一无二地在全国拥有 9 个专用剧场，年公演场次超过 3000。简单计算一下，日演出场数 8 次，年观众人数约 300 万。打造大规模的商业运营模式，营业收入约 178 亿日元。剧团四季在全国是首家确定“长

---

① “剧团四季”成立于 1953 年，迄今已走过了 60 多年的历史。它是由导演艺术家浅利庆太领导的亚洲规模最大的剧团。每年都有大约 280 余万观众观看剧团年均超过 3000 场的演出。

期上演”模式的剧团。

剧团四季首次开展“长期上演”是从CATS公演场次超过8000开始的。立足长期公演的动机源于高额的版权费。如果半年到一年以上没有公演，收支会出现不平衡。由于没有可长期租赁的剧场，剧团四季下决心建设自己的专用剧场。而且，1983年引进票务系统，为观众创造了可轻松地提前预订数月、一年的入场票的系统。

黎曼金融危机后，把S席位的价格由原来11550日元降到9800日元。还提供优惠儿童票价、家庭票价。要想加入剧团“粉丝俱乐部”，预交1500日元入会费和2000日元年会费就可以成为会员，可通过会员自动系统24小时预约。剧团不仅为会员优先保留坐席，还提供打折的会员票价。比如，《狮子王》东京公演，S席位的普通票价为9800日元，会员价是8800日元。如果1年购买2张以上的S席位，计入年会费成本（A席位以下普通票价和会员票价相同）。托管婴儿服务，一般会员价格是一场演出每人4000日元，会员优惠价格3000日元（收费因剧场不同有变化）。

剧团四季进行了基于大数据的分析。根据剧团公开网页的数理模型分析，结果显示，从某种意义上来说，《狮子王》处于“中途阶段”，身边人在“口口相传”。而且，丝毫看不到“人气衰落的迹象，调查期间，行进在极为稳定的道路上”。从这一点能够断定：“依据政策的制定实施状况，有望进一步保持长期公演”。

案例 3 “女性旅游”的代名词，累计销售量超过950 万册的国内女性旅游手册

概说：

定位 20~30 岁女性上班族的旅游手册于 2008 年创刊。

没有做任何大规模的宣传，发售半年，销量突破 150 万册。

集旅游用语大成的海外对话本（9 国语言）也大受欢迎。

《CoTrip》是为 20~30 岁“女性上班族”量身打造的国内旅游（女性上班族周末 3 天 2 夜的小旅游）手册。自 2008 年创刊以来，经过 6 年时间，销售量累计达 950 万册，成为昭文社的招牌系列，给令人眼花缭乱、不知如何动手选择旅游手册的业界，带来了新思路，因此而广为人知。

手册封面呈现出和式风格，追求“成年人可爱”的氛围。手册中间采用带有奶油色彩的纸张。市面上最轻的手册重量一本是 200 克以上，这本手册的重量减轻到了 150 克（国内版）。信息量是原有手册的 1/4，预留出可供个性

化书写的充足空间。同时，经过反复筛选，制定出舍弃“3天2夜玩不到的项目”的编辑方略，全方位超越了传统意义上的旅游手册“理念”。

在创刊之际，编辑部以1000名女性为对象实施了问卷调查，并辅助以小组采访的调查方式。通过调查探索，了解到来自于她们的心声：“制定旅游计划感觉不错但是很麻烦”，“想好好查阅一番可太费时间了”。《CoTrip》尝试解决了她们的所有困惑。

2008年2月底，国内版以30个主题创刊。有人在博客上介绍，大家也口头相传，好评在扩散。虽然没有做过大规模的宣传，发行半年销售量突破150万册。旅游手册原本是实用书籍，但《CoTrip》类似“百宝箱”。挖掘了顾客的新需求——给朋友买礼物，享受“妄想的旅游”。

2009年6月海外旅游版创刊。从亚洲的首尔、上海开启航程。到2014年6月已开启了35个主题。从2012年11月起，发行了集旅途大成的用语手册“CoTrip对话”。彻底细致地挖掘出“有在日本还买不到的化妆品吗”等女性旅游途中的高频用语，9 国语言主题手册的销售量是通常同类手册的 2~3 倍。

在发展势头高涨的形势下，多家企业、团体要求订货。合作涉及 UR 城市机构、兵库县丰岗市、澳大利亚政府观光局、航空公司等多个领域。与食品制造的顶级厨师合作的“CoTrip 汤品”（以旅游当地理念创作的汤品），与精工合作的“LUKIA CoTrip 限量版手表”[①]等，远远超越了“书”的原有框架理念。《CoTrip》还正在推进影像作品。同时，已经推出了面向台湾的繁体字版。

① LUKIA 是一款为积极前行活出个性风采的女性打造的、高性能精美设计的手表。自 1995 年诞生以来受到众多女性的青睐与支持。

Q 要打动 1000 万人，是不是应该做好为 100 万以上的人付出时间的准备？

本田：要达到 100 万人的规模，的确需要一定的时间。但是，一旦启动，内部增殖的机制就会很容易发挥作用。

田端：100 万人的规模，大家的认识不是停留在媒体，而是停留在“好像很流行”，如果是 1000 万人的规模，很容易让人感觉得到：流行的东西就在眼前。把参与者拉到眼前，“想加入”的开关变得容易开启。

本田：真是“百闻不如一见”啊！再怎么说“马拉松对身体有益”，可还是有人不愿试试。但一旦身边出现了参加过马拉松赛、减肥成功的人，就想参加了。

田端：如果达到 1000 万人的规模，这相当于日本全国人口中每 10 人就有 1 人在行动。放眼望去，好像周围的人都在参加马拉松似的。

本田：会有“大家都在做”的感觉啊。在日本，1000 万这个数字是一个超越了性别与年龄层次的巨大数字。比如，听说2015年国内练瑜伽的人达到4500万，热衷于此的男性是少数派。马拉松赛到现在也是和性别无关，《CoTrip》虽说是面向上班族女性的，男性也在阅读。夫妻、恋人出去旅游，大多数还是女方在选择旅游手册吧。

田端：马拉松比赛时的“皇居”、“剧团四季”的剧场发挥着媒体的宣传作用，成为创造性的媒体。丝毫不感兴趣的人，偶尔路过看到绕“皇居”跑马拉松的人、在剧场前排长队的人，也许就会很感兴趣的。

本田：《CoTrip》也有同样的一面。在旅游地看到有人拿着东西，就会大叫“哎呀，好可爱啊”“在哪儿买到的呢”，也许会开始感兴趣。

田端：通过和自我宣传媒体相结合，把体验者放到眼前来，人们会一个一个地被吸引来。这的确是内部增殖机制在发挥作用。

本田：《CoTrip》不单单是旅游手册，可以说是一个百宝箱。与原有的旅游手册相比，大不相同。

田端：马拉松也一样。如果只是跑跑的话，在体育俱乐部就可以完成了。但特意要绕“皇居”跑，不单有和朋友一起跑的快乐，也还有对前辈体验者的仰慕、模仿，这些都成了参加的动机。虽是这样，也不一定按照固定的程序去完成。我倒是觉得有一边轻松地参加、一边成长的快乐感。

本田：“剧团四季”产生了培养剧团快乐感的效应。特别是得益于愉悦的环境氛围，没有造星目标的束缚。粉丝和剧团的连带关系更为紧密了。

田端：可以给出三个实例的共同点：“对已有的东西再重新定义”。与其去探索全新的东西，不如对已有实体中不满意的地方做彻底的消除，这正是想让1000万人行动起来，最需要关注的关键地方。

本田：正因为马拉松和“皇居跑”联系在了一起，所以才能吸引周围观望的人，酝酿出特别的马拉松比赛活动。

田端：“剧团四季”、《CoTrip》都是彻底挖掘出对原有服务的不满，然后加以改善的。

本田：同时也带来了新的价值。作为旅游手册的《CoTrip》被当作百宝箱般受到青睐，是非常具有象征性意义的。

田端：《CoTrip》像一颗耀眼的明星啊。给人感觉既是旅游手册，又是杂志。不少人哪怕还没有旅游计划，也早早买回家翻阅，感受旅游的快乐。

本田：通过增加新价值，新的扩展就会形成。

田端：但是，切忌做过了。比如《CoTrip》怎么说也是以“纸质媒体”为主轴，彻头彻尾地做出了策划。如果是“放弃纸质，用智能手机”，那就会另当别论。

本田：说到媒体混合、多媒体是否有效，因目的的不同而不同。轻易地策划使用组合媒体、跨媒体，这是不懂的人常犯的错误。

田端：人数一多，很容易会把目标定位到稀里糊涂的“人群范围”。因此，很有必要设定更为细致、具体而且大众化的目标。

本田：如果是1000万人的规模，要坚持跑下去的动机层出不穷，投机的人走到一起，自然地就形成多个圈子。

田端：是啊，那些原本不怎么感兴趣的人不断加入到马拉松的队伍里，好像眼前出现了队伍从小圆圈慢慢扩散成大圆圈，而且圆圈要变得越来越大的画面。

本田：“我想像前辈那样跑”，仰慕和被仰慕与行动起来的动机联系在一起。参加其中不只是消耗了时间、体力，重要的是通过过程的刺激，能感受到自我成长的快乐。这是动机转化为行动时能想到的。

1000 万人心动
而行动的要诀

无媒体介入的“目击体验”出现

极具象征性的“标识”诞生

重新定义我们身边的一种东西

1000
0000
0000

打动
“1亿人”

1 亿人数与日本全国人口数匹敌。

创造“国民性的人气”大热潮，

需要什么样的条件呢?

快让我们一起去看看精彩的案例吧。

案例 1　1 亿人热捧的万圣节，国内认知度几乎是 100%

概说：

现在每到 10 月，国内都举行万圣节化妆游行。

日本的首次化妆游行是由万圣节原宿店发起的。

今年的万圣节市场超过 1000 亿日元，势头直逼情人节。

为日本秋天增色添彩的集会活动是已经在日本扎根的万圣节。每年 10 月，各地会举行化妆游行会。

在日本广为人知、规模最大的万圣节化妆游行集会活动是“长崎万圣节前 2013”，参加人数接近 3000。游行与比赛合二为一，庞大的人群队伍和优良的夺人眼目的化妆扮相，每年都会吸引沿街观看的观众超过 10 万人。

万圣节走进日本还是 20 世纪 70 年代的事情了。KIDDY LAND 原宿店（隶属 Takaratomy 集团，专门经营玩具书籍）从 20 世纪 70 年代作为 10 月的季节集会活动之一，开始在自己的店面前销售万圣节商品，1983 年 10 月还策划了促销环节——万圣节游行。

1997 年东京迪斯尼乐园引进“万圣节化妆游行”作为助兴节目。适逢 1997 年全球畅销的《哈利波特》系列第一卷出版。人们越发追捧魔法，万圣节的知名度也就随即迅速升温，一直持续到今天。

根据 2012 年 11 月株式会社 DO HOUSE 以 20~59 岁的男女为调查对象，进行的“万圣节化妆实际状况把握调查”来看，2012 年的化妆者的实际比率为 4.2%。化妆率最高的是 30 岁年龄段的女性，比率为 11.3%，20 岁年龄段次之，为 6.0%。相较上一年度变化最大的是 30 岁年龄段的男女，均增长了 2.6 个百分点。

业界最大的 Clearstone（2004 年成立，专门策划、制造娱乐性强的晚会服装商品，属于旗舰企业）晚会服装商品的专业公司，通过近年来的努力，与上一年相比，以 2 倍基数的销售额扩大市场占有率。Don Quijote Co. Ltd.（以关东为中心，主要开设在日本都市的折扣店），TOKYU HANDS INC.（经营家具生活日常用品的连锁店）、The Loft

Co.，Ltd.（经营日常生活杂货的连锁店）等销售店常设服装销售专柜，而且，在万圣节季节，还会在楼层的黄金位置设置特别销售柜台。

每到万圣节，大街上出现的有趣化妆写真、目击信息连续不断地在推特、Facebook 上传播，供大家分享。根据 NECBIGLOBE①统计，2013 年 10 月万圣节推特数量为 113 万条，是 2012 年 65 万条的 2 倍。同时，根据一般社团法人日本纪念日协会的调查，2013 年的万圣节市场势头超过 1000 亿日元，已超过白色情人节（约 640 亿日元），直逼情人节（约 1300 亿日元）。

---

① BIGLOBE 是由 NEC（日本电器股份有限公司）运营的日本综合搜索门户网站，网站创办于 1996 年 7 月，网站主要提供新闻、音乐、学习、生活、工作等信息。2006 年从 NEC 剥离。BIGLOBE 是 BIG 和 GLOBE 的结合缩写。

案例 2　改变了 2 亿以上印度男人生活习惯的剃须刀

概说：

“吉列”占印度剃须刀市场份额的 50%。

与印度男人“留胡子帅气”的旧意识发生了恶战。

聚焦印度人好争论的性格特征，发起“应该剃掉胡子还是不应该剃掉胡子”的话题。

在印度的剃须刀市场，吉列开发的新产品“MACH Ⅲ”大受欢迎。开始于 2009 年的宣传活动，更为公司获得 50% 的市场份额作出了贡献。

吉列是宝洁公司（P&G）剃须用刀片品牌。尽管是在全世界剃须刀市场享有第一份额的品牌，但在新兴国家开发市场的过程中也经历了苦战。

特别是印度男人“留胡子性感威严”的意识很强烈，一开始没有对剃须刀产生多大的需求。宝洁公司把目光聚焦到印度人“好争论”的特点上，开启了“应该剃掉胡子还是不应该剃掉胡子”的二次元话题。

宝洁公司展开了一系列的调查，结果发现：实际上印度女人有对不留胡子的男人抱有好感的倾向。男人在意女人的感觉，在世界任何国家都一样。于是，自负于不需要剃须的男人们的心开始不安了。2009 年印度举办了众多男人一同剃胡须，挑战吉尼斯纪录的活动，1858 人创下世界纪录。

宝洁公司不仅对改变印度男人的剃须意识付出了努力，而且，产品开发起步起就致力于开发出满足印度男人需求的剃须刀。从减少零配件入手，将成本降到最低，配有 5 卢比（约 8 日元）的更换刀片，研发出 15 卢比（约 24 日元）突破性价格的体恤刀。同时，宝洁公司为了获得更多的市场份额策划完成了与上百万家印度小卖铺的网络连接。

通过努力，宝洁公司获得了市场 50% 的份额。与此同时，改变了 2 亿多人的生活意识，可谓是大获成功。

Q “只能让 1000 万人心动而行动”与“让 1 亿人心动而行动”的不同是什么?

田端: 1000 万人也好，1 亿人也好，都是个一旦行动起来会感觉棘手的人数啊。的确,“定位 1000 万人”和“瞄准 1 亿人”两者之间存在着区别。

本田: 是啊! 到目前为止出现的几个“消费者行动”的事件复杂地交织在一起。比如，在可以容纳 1 万人的地方举行的嘉年华，谁都会有被现场热烈喧嚣的气氛感染而沸腾起来的感觉。万圣节以 1000 万人的规模亮相，游行队伍里人相互间的连带感、怪异的面具、万人万相的服装带来的视觉冲击感等元素有机地渗透进来。1 亿人行动，需要的是给人带来深刻冲击力的多个要素。

田端: 而且，也需要动力。万圣节有它独特的狂欢高潮。说到流行，也许跑步比万圣节更流行。想要带给周围冲击力，不能只靠狂欢气氛增强传播力啊。

本田: 正是因为“今晚有万圣节”的活动，才会出现涩谷（位于东京都，交通枢纽，著名的繁华区）十字路口的大骚乱。

田端：“皇居”的周围，平时不管什么时间，好像总有人在跑步。从这点来看，平时跑步带来的影响、冲击力，无论好与坏，已经是一道定格了的风景线。但到马拉松比赛时，却别有一番景象。

本田：有人趁着万圣节、世界杯的狂欢高潮，来点儿胡乱玩闹的插曲。即便是闹腾得出格了，也会听见“呀，没办法啊”，很容易地被不当回事儿。那些人照样可以不停地折腾。

田端：热闹的场面是最受关注的，因为受到关注就容易成为新闻话题。这点和世界杯很相似啊。瞎闹腾的家伙就是偶尔在比赛现场碰到一起了，也绝不会放过机会的啊。

本田：加入的门槛低也是原因之一啊。即使不化妆，如果去了化妆晚会，不光参加万圣节，只要把买回来的万圣节的装饰品放在客厅里就好。

田端：同样是到了现场气氛的最高潮，万圣节出现让人大呼小叫的问题，怎么可以这样呢？让人跌破眼镜、瞠目结舌的情形在马拉松赛、瑜伽现场却完全看不到。

本田： 原本禁忌的、不被允许的却可以在万圣节时开始放纵。的确存在“不知为何”而被允许的情况啊。

田端： 的确很少听到类似“真不明白！”“不符合规矩！”等厌恶万圣节的评论。

本田： 呀，不如说，谁都在万圣节表现得很嗨，“不管三七二十一，很开心的感觉就来了”，我感觉是这样的。

田端： 健身跑步是更个性化的行为，没有内在动力就坚持不下去。万圣节只要感到热闹高兴就 OK。

本田： 近几年来，有些企业也搞万圣节活动。那可是实际生活中堆积的巨大压力的最好宣泄机会。

田端： 这一两年，在公司也好，在马路上也好，经常会发现这种现象。啊，以后越是不愿意听从企业的人，越想找机会宣泄自己的情绪，也许更愿意加入万圣节活动中吧。

本田： 这也许是外企让职员发泄压力与不满的技巧吧。我们也应该适当地小规模地推行一下。

田端： 做 PR、广告的专业大集团，员工们化妆疯闹，看上去场面似乎是有点儿不可思议，但让人还是挺开心的。

本田：最近万圣节走进了许多公司、团体，甚至做成了类似夏天的盂兰盆节[①]那样的集会活动，让活动散发出季节独特的魅力。

田端：真是盂兰盆节的调调啊。越来越有夏天集会活动的感觉了。

本田：看一下职场的万圣节活动，“俺们不是黑色企业（在日本，通常将加班过度、职权骚扰、人才用而弃之等劳动环境恶劣的企业统称为黑色企业）！”渗透着宣传。

田端：绝对明白（笑）。“通情达理、快乐开心的公司”拼命抛出这样的诱饵。这与策划用“爱恋的好运小甜饼干”动画去宣传企业的品牌理念，思路是相似的。

本田：在职场，让你干什么你就得干什么，不管你喜欢还是讨厌。实际生活中，不可能对万圣节视而不见。这是实

① 盂兰盆节在日本是仅次于元旦的盛大节日，又有“魂祭”“灯笼节”“佛教万灵会”等名称，原是追祭祖先、祈祷冥福的日子，现已是家庭团圆、合村欢乐的节日。每到盂兰盆节时，日本各企业均放假 7~15 天，人们赶回故乡，团聚在一起。

现自己想被关注的心愿，也是很不错的机会。用智能手机拍下照片，如果再把照片上传到社交媒体，更让人起劲。

田端：当初勉勉强强说“公司没必要特意那么做”的人，抱着试一试的态度，没想到那么开心，一下子就陷进去了。

本田：“被邀请的”“一年就一次的活动”“大家一样丢人现眼”，这些都是很多人趁势做出疯狂行为的正当理由。

田端：常会有人看到别人在尽兴时自己也禁不住跃跃欲试。万圣节的化妆尤其吸引人的眼球，别有特色。享受万圣节快乐的人本身作为一种“行走媒体”在发挥传播的作用。

田端：“行走媒体”起到了宣传效果。可我觉得从超过100 万人规模开始“能否创造出新的习俗”成为一个转折点。

本田：宝洁公司针对印度人意识中的“留胡子帅气”的传统观点，使用自己的宣传策略，提出质疑，让吉列成为话题。

田端：想到日本和印度的总人口数如果同样是“1 亿人”，但让他们行动起来的前提条件不同吧？会发出这种疑问。

本田：中国和印度由于城市、农村的生活模式、价值观完全不同，启动千篇一律的市场营销活动、PR 宣传活动，无法产生满意的效果。但想想目前的日本，情况好像也一样。

田端： 如果考虑日本的总人口数是 1 亿两千万，是理所应当的事情，如果想让 1 亿人行动起来，不应该只对城市进行投入。

本田： 必须了解当地的动态、价值观。最近，新保守阶层①在流行，与这些也存在关系。

田端： 在东京，大概对信息敏感度很高的人不少，从电车上留意他们生活习惯的机会很多啊。智能手机就是很好的入口和途径。

本田： 在多次目击的过程中，意识到“在流行啊”。尽管不知道是自觉意识还是错觉意识。

田端： 感知流行，需要一定的人口密度。如果超过了基准值，接下来跟随者就会自我增殖。

---

① 2014 年由市场分析专家原田曜平定义的概念。没有进京理想，在当地构建牢固的人际关系和生活基础，不想从地方外出打拼的年轻人。因为带有重视地缘的强烈意识，被称为新保守阶层。原田分析指出，这一新保守阶层潜藏着成为巨大的消费阶层的可能性，将逐步成为牵引日本经济的实体。

1 亿人心动
而行动的要诀

需要消费者行动的“多重要素”

创造全新的习惯

应对不同的生活模式、价值观

1000
0000
0000

打动
“10亿人”

世界总人口约有 72 亿。

就是说，如果让 10 亿人行动起来，

需要抓住世界上 7 个人中的

1 个人的心。

为创造这个奇迹，

必不可少的条件是？

案例 1　用户数量达到 4.7 亿，以 10 亿人为目标的 LINE

概说：

“LINE”用户注册数在全世界突破了 4.7 亿。

LINE 用户群从年轻人、家庭主妇、公司职员到年长者，在逐渐扩展。

LINE 应用于企业营销宣传的动向日益活跃。

面向智能手机免费通话、邮件应用，LINE 从 2011 年 6 月 23 日开始启动了免费信息服务，同年 10 月实施了免费通话、聊天表情贴图（可以随时随地使用免费短信，还可以在群聊中发送图片）等大范围的功能扩充。从启动服务开始三年后的 2014 年 6 月 23 日，用户数量突破了 4.7 亿。日本国内用户超过 5000 万人，实际上，在日本每两个人中就有 1 个人在使用。

用户数量很快突破 1 亿人，用了 1 年 7 个月，之后用户数量仍急剧增加。2013 年 11 月加上东南亚、西班牙等用户数量较多的国家、地区，很快突破 3 亿人，与此同时，北美、西欧等地用户也在扩大。在全球，创下一日达到170万人注册的纪录，世界性用户数量增大。现在，约230个国家地区在使用，海外用户占到80%以上。注册用户数量最多的国家除日本外，还有泰国（2400万）、印尼（2000万）等。韩国、马来西亚也突破了1000万人。

LINE最大的特点在于相互发送一个聊天表情贴图就能表达感情交流的易操作性：在传统的电话、短文本交流中，可以一键插入、发送“可爱”“遗憾”等表达自己感情的贴图。根据“LINE利用动向调查报告书2013”，在智能手机用户中，10~19岁女性的LINE利用率为73%，20~29岁女性为64.8%，男性中年轻人群利用率较高，10~19岁的为60.2%，20~29岁的为54.8%，均超过了半数。30~50岁年龄段，约达到30%。

LINE在朋友圈、共同兴趣爱好者、妈妈群当中作为交流的联络工具能大显身手。论及原因时，有不少人说：“为了和朋友互相联络开始使用的”，“为了能使用LINE，不用原来的按键式手机了，改用智能手机了。”

伴随着用户数量增加的趋势，LINE线下的交流数量逐渐增加。2014年全世界1天的聊天邮件接受发送量达1000件，聊天表情贴图接受发送量达18亿件，通话次数达1200万次以上，均打破过去的最高纪录。

LINE用于企业市场宣传活动的动向也日益活跃。商务账户“LINE@”的开设数到2014年6月2日为止已累计突破4万。使用“LINE@”可以实现发送买票、购买信息，解答客户疑问等功能，使得LINE的经济圈在扩大。

2014年4月可供全世界用户使用的、制作销售LINE聊天表情贴图的平台“LINE发明家市场”投入使用，成为热议的话题。制作的聊天表情贴图通过审查后，可通过“LINE在线商城”、“LINE内部图标商店”实现买进卖出。如果一个聊天表情贴图能卖出，销售额的近一半由发明者支付给系统。6月7日注册的发明者超过8万人，聊天表情贴图交易数量达12000套。

据报道，在交流应用竞争日益残酷的形势下，LINE森川亮社长宣布：2014年一年中全世界用户达到5亿。下一步，2015年的目标是上十亿。

案例 2　让 11 亿人行动起来的“世界最小国家”的战略

概说：

梵蒂冈针对提高声誉、赢得信徒进行了独一无二的投入。

美国 FOX 新闻记者出任“年长者媒体顾问”。

到访梵蒂冈的信徒一年激增到 660 万人以上。

梵蒂冈是世界上国土面积最小，唯一一个国土总面积被“世界遗产”收录的国家。梵蒂冈作为基督教最大宗派的基督教的大本营，为提升自我形象和赢得教徒进行了独一无二的投入。梵蒂冈从 2009 年起，在动画网页 You Tube 中添加弥撒的形象，积极探索为年轻人熟悉的传播通道。但是，在 2010 年，梵蒂冈陷入洗钱、机要文件泄露、神职人员性丑闻等连续发生的“教会危机”风波。

2012 年美国原 FOX 新闻记者 Greg Burke 出任梵蒂冈“年长者媒体顾问”，帮助重新构建梵蒂冈的 PR 战略。他在前教皇 Benedict16 世时期，开设了公开的推特账户，不到半年时间为教皇赢得追随者1000万人。

2013年3月前教皇Benedict16世退位。继任的罗马教皇Franciscus上任后，接连采取了迄今人们从未想象过的举措，一时间成为热议的话题。比如，在刑务所召开大型庆典，定期为离开梵蒂冈无家可归的人分送食物、施饭，为发放薪金拍卖了自己的摩托车。他还对有关同性恋问题展示出极为先进的思想理念，因而当选为同性恋杂志《The Advocate》的“对于2013LGBT（女性同性恋）最具影响力人物”。新教皇还参加了到访梵蒂冈10~19岁年轻人的“自拍”活动。

2013年到访梵蒂冈的信徒达600万人以上。据报道，这一人数是2012年的3倍。随着多项平民化举措的实施，罗马教皇的人气急剧上升。当选美国《TIME》杂志每年评选的“年度人物（Person of the year）”。还在2013年12月与美系咨询公司McKinsey（McKinsey & Company，Inc.是1926年芝加哥大学经营学部教授James McKinsey创办的、总部设在美国的咨询公司）签署了合约，获得涵盖报纸、电视、广播等多个媒体的项目。

Q 让10亿人行动起来，绝对必要的条件究竟是什么?

本田：LINE 到底是来了。

田端：嗯。的确是有各种各样的目标和理由，但，聊到自己公司的事情还是令人难堪啊……。还有，形成这种规模之后，再说理由之类的就好比是玩“石头剪子布”，看到对方出了自己再出，有点儿不好意思（笑）。

本田：那从一般理论，去看看让 10 亿人行动起来的条件吧。

田端：谢谢（笑）。首先，形成 10 亿人规模的话，有宗教信仰、有交流的人，谁都会向自己的本能去诉说。这个条件是绕不过去的。

本田：这是应对跨越不同国籍、人种的全球化诉求的必要性。

田端：我想 10 亿人使用的东西是有很多的。只是，再看看东西的细节，发现随着国家、属性的不同，它们都被本土化了，所以应该以“1000 万人规模 ×100 个国家”的基准去看现象。

本田：就这个意义来说，LINE 的确很有意思。本土化进行到何种程度？

田端：本土化不就是聊天表情贴图吗？基础菜单支持各个国家的语言，让用户觉得聊天表情贴图以外，各个国家没什么不一样。

本田：不用给终端再安装一次应用程序，但用户数量却增加了，对此感到很吃惊。

田端：用户自身在为我们扩展交流应用。对用户而言，周围使用的人越多的应用就越方便。我觉得以前的传真、邮件就是这样的。

本田：如果就自己有传真、邮件地址，如果没有接收人，那也毫无意义。

田端：有研究报告说：用户数扩大 10 倍，用户的优势就变成 100 倍。通常随着用户数量的增加，商家为笼络用户，强调功能提升的优势。比如，凸显“通话音质不错”

等功能上的优势，但想改变用户对产品或服务的最初印象是很不易的。

本田：无论是推特还是 Facebook，最初的用户必须手动操作登录，而 LINE 通过联系人可自动登录的全新系统，给推特、Facebook 等带来了冲击。

田端：一开始，有赞成和反对两种呼声。随着用户数的增多，说“不想用”的声音变得越来越小了。

本田：风向总在转换，当初的障碍在哪个地方？

田端：有真实的体验感的用户，在各国能超过人口的 5%？如果超越了这个障碍，即使放开也会进入增殖的模式。

本田：从严密地选定“用还是不用”阶段转移到“使用是理所应当的”，两者之间的分水岭在 5% 的地方。

田端：进一步说，一旦超过人口覆盖率的 2%，就会转变为“不用很好笑”。

本田：到目前为止，在 Skype、Facebook 发送方有交流应用程序的形势下，LINE 还能实现扩展，究竟是为什么呢？

田端：我想是因为，LINE 和传统的聊天应用程序相似又不完全等同的缘故吧。

本田：功能上的不同几乎没有吧？

田端：Facebook 有很典型的聊天应用程序，传统的交流应用程序大多属于语言功能强大、反应灵活的引擎，其优势在于信息交换。但 LINE 是人们互相交流情感的工具。

本田：是聊天表情贴图吗？

田端：聊天表情贴图带来的变化是非常巨大的。双方通过各种聊天表情贴图能交换信息、表达感情，可以进行超越语言的微妙的情感交流，所以对话能长时间地进行。

本田：用图像表达感情，具有划时代的意义。即使不懂对方说的是什么，也能传递感情。我又一次深感可视图像轻松穿越了国境线。

田端：实际上，人和人之间的交流有时就是无趣，没有意义的来来回回占了一多半。正由于 LINE 聚焦这一点，我认为它快速成长了。

本田：加入聊天表情贴图“非语言”功能，能够超越语言上的障碍。

田端：聊天表情贴图作为交流理论实际上有很深刻的意义。在世界大环境下，不仅有“日本动漫在全世界很有人气”的 Cool Japan（国际上对日本文化软实力的评价。也是日本政府对外文化宣传、输出政策时所使用的用语）。还有在美国，越是成年人越表现出“发送聊天表情贴图简直太孩子气了”的态度倾向。今后会怎么发展呢？我们也在关注。

本田：这次列举的两个案例，可以说共同点是“不排除”。要让 10 亿这样一个棘手的大规模的群体行动起来，不能以性别、年龄、地域、遗产等为条件对人进行筛选。

田端：从目标开始即使是相同的，之后，如何避免贴上不需要的标签是关系到胜负的问题。

本田：如果提供的物品、服务没有某种包容度的话，自然培养不出 10 亿消费者的规模来。

田端：对用户，怎样做才能不让他们有心理抵触情绪，这很重要啊。就说 LINE，从抛弃“是女高中生用的交流工具”开始，成长速度一下子飙升。

本田：后来，不光是 LINE。在快速成长的服务业，运营方的每一个职员拥有的用户数量都较多，成为共同的特点。LINE 的职员数、梵蒂冈国家的人口数都不足 1000 人。

田端：无论是 WhatsApp，还是 Instagram，观察近几年来企业的快速增长，觉得容易成功是由于职员数量少而用户数量多的举债经营模式发挥了作用。

本田：当让 10 亿人行动起来的时候，企业的规模已经不是必要条件了。“让 10 亿人行动起来的是巨大企业”这个前提的本质逐渐变得虚幻。

田端：还不如说是，与顾客直面的方式，重新回到了 1000 人规模的原点上了。

本田：让核心的 1000 人真正行动起来，实际上是和让 10 亿人行动起来有所关联的。反过来讲，让 1000 人行动起来是所有规模的基础……

田端：如果是无法让 1000 人行动起来的服务，清晰地思考一下是否搞错了对策，或者提供的服务本身不是社会需要的。

本田：确实如此啊。

田端：啊啊！总觉得本田你让我说多了。

10 亿人心动而行动的要诀

满足人的本能诉求与普遍需求

需要包容不同人种的宽容度

加入非语言交流

PART

03

放弃“要打动消费者”的念头！

本田哲也

在“不能打动人的时代”里“打动人”意味着什么？

让我们进入第三部分。第二部分就“为什么会打动消费者？”以 1000 人规模到 10 亿人规模为例进行了考察分析。在这里我们再前进两三步，进入“那么怎么做才能打动消费者？”的话题。

田端在第一部分说到“打动消费者的规则变了。用传统的方法打动消费者是有局限的”，所言极是。当然，并不是到了“不能打动消费者”的时代，只是打动的方法变得复杂化、多样化了。其中，不仅需要全新的心理设定，还要求驱动新方法。本书的书名《快放弃靠广告媒体打动消费者》，可以换句更准确的话表达：

请放弃（像到目前为止一样）（仅靠）广告、多媒体打动（很多）消费者。

应该这么说。在新的规则下，“趁早放弃为好”的东西和“不放弃也无妨”的东西混存着。第三部分围绕在新时代背景下，为打动消费者，究竟什么才重要，该怎么做等话题展开。

15 年前，我闯入了“PR”世界，“打动消费者”的世界。在日本，但凡说到让很多消费者心动的工作，不由得想到的是大型广告公司、多媒体等概念。但是，放眼全球，特别是通过国际舆论发挥强有力作用的美国，PR 却存在于社会、人的环境中。

我毅然辞去大学刚毕业就职的 SEGA 公司（1960 年作为日本娱乐物产设立，系游戏机、软件制造商），进入现在仍是世界三大 PR 公司成员的美国 Fleishman Hillard 担任日本法人。我做了许多涉猎广泛的全球性 PR 工作，比如带领团队策划大总统的选举宣传、巨大型企业的合并发布、面向消费者的宣传活动等。

我以洗衣液新产品发售宣传活动为例来概括说明 PR。在日本，人们通常采用“在黄金时间段电视 CM”来宣传洗衣液新产品。而在美国，PR 公司首先选择与哥伦比亚大学卫生学权威教授合作，获得相关数据，接着向公众发布："家用洗衣机是霉菌的驻扎地"，并通过全美的报纸、电视信息节目广泛传播，让消费者充分意识到："那可真是个问题啊！"在营造好氛围的前提条件下，展开除菌效果强大的新产品的销售宣传。

上述实例说明：PR 是企业、商家巧妙地利用媒体报的的舆论，传播"想说的""广告宣传"，引导消费者关心"问题"，由问题再聚焦到商品、品牌的传播活动。

正当还未认清形势的我确信"在日本同样的时代绝对会到来"之时，义无反顾地采用了在日本还非常罕见的 PR 方法。最初，展开得非常艰难，已经习惯于媒体广告模式的日本企业根本不予理睬，但随着网络的普及、社交媒体的登场，航向发生了改变。坚信直觉的我于 2006 年创办了战略 PR 公司 BlueCurrent Japan（2006 年 8 月作为福莱国际传播咨询日本公司市场 PR 部门独立），2009 年出版的有关 PR 欧美流派的书籍《战略 PR》，迅速推广了"战略

PR= 营造氛围”理念（如果这么想的话，有消费者一下子心动了的感觉），并且，到目前为止，参与了 500 多家企业、机构的 PR。

打动人的新方法论——战略宣传 =“营造氛围”

在此，为问到“何为战略 PR”的读者，稍作说明。如果您是广告 PR 业界的人士，或者想跳过这部分内容，那就请您随意。

所谓战略 PR，主要是指欧洲一种先进的宣传策略。像前面提到的美国除菌剂的案例，不做产品本身或品牌的“宣传”，而是在社会上营造出“产品能够解决的问题”“产品追求的方向”等风潮。不通过电视广告，而是通过巧妙加入媒体报道、网络传播、专家意见而大造舆论。与产品的调研、购买联系起来，简单来说就是这种策略。

在日本有尿不湿这样的关于营造氛围简单易懂的成功案例。新产品尿不湿与传统产品相比，轻巧、吸收力大大提高，怎样把它的优势告知给购买群体妈妈们，便捷的方法是通过电视广告宣传品牌、店面促销来展开宣传。但是，已有品牌的认知率已经接近100%。而且，店面价格竞争处于正盛时期。于是，制造商决定，从“营造氛围”切入到产品——也就是唤起“婴儿睡眠”的话题，再链接到“提供酣畅睡眠的尿不湿”的购买。

商家首先与婴幼儿睡眠专家协作，实施了关于“婴儿睡眠”的国际调查，整理汇总了日本婴儿的睡眠环境到底有什么问题（近50%的日本婴儿晚上10点后才入睡）的有关数据，公布于大众。社交媒体全盘报道了调查结果，社交媒体上的议论也急剧扩大。“婴儿睡眠是问题”的氛围，大概在2个月的时间内就酝酿而成了。

商家抓住这一时机，用最小额度的投资展开了广告与店面对策行动，目标当然是打造“帮妈妈的宝宝的睡眠着想的品牌”。结果，营造了婴儿睡眠问题的氛围，定位解决对策的商品宣传获得成功，从而提高了销售额。

2009年以后，“战略PR”持续受到关注，影响也不断扩大。在第一部分我对变化的背景做了说明，是由于信息媒体环境的变化和与之相伴的消费者的变化。从网络普及到社交媒体的涌现，由此引发信息爆炸，消费者的认知能力也在提高。任何人不可阻挡的潮流极大地推动了普及。在信息的主角由企业转向消费者的过程中，比起企业发出的信息“我就是我”，信息报道、议论传播的影响力大增。企业意识到：不仅“企业是主语”已过气，而且再不加入“第三者说话法”已不可行。

概略介绍是这样，您会有所理解吧？如果您感兴趣，能阅读本人的拙著《战略 PR》（KADOKAWA 刊），将倍感荣幸。

为慎重起见我会再加以赘述。并非是提到 PR 就意味着消费者可能会动心。更何况，当今不仅广告、PR 的分界线变得模糊，社交媒体的出现、媒体的生态系统也在发生变化。基于这些变化，站在不断思考打动消费者的立场，认为当今的时代是有趣的时代，同时，也是应该思考打动消费者“原点”的时代。

打动 1000 万人的《冰雪奇缘》

在 2014 年，迪斯尼电影《冰雪奇缘》大获成功，甚至创造了 Let It Go 现象。

截至 2014 年 5 月，该片已吸引了 1265 万人观看，突破行业收入 159 亿日元，在日本公映史上名列第八。在世界票房收入排行榜上，超过《变形金刚》《指环王》，位居第六。普通电影在公映周票房收入居高，但观众数量会逐渐减少。而《冰雪奇缘》在公映第二周后观众数量持续增加，到第七周仍在增加。片中的歌曲《Let It Go》发挥了巨大的推动作用，甚至成了一种“现象”。Idina Menzel 演唱的主题曲《Let It Go》在 YouTube 的回放次数超过 1.96 亿，配音演员松本 TAKA 子演唱的日语版回放次数也突破了 1500 万次。原声唱片 5 月份累计销售突破 46 万张，在动漫唱片历史排行榜上位列第一位。

与在本书第二部分看到的各种各样的案例一样，可以说《冰雪奇缘》也是“令许多人心动”的成功案例。其中究竟隐藏着何种法则、何种秘密呢？“消费者心动”现象的本质究竟是什么？并且，是可能重现的东西吗？

在第三部分，我将解开谜底。首先，整理打动消费者的“要素”。其次在此基础上，验证它与在第二部分介绍过的现象、《冰雪奇缘》等最新的现象是如何契合的。最后，讨论关于该如何具体地展开话题。

打动人心的三要素“心／技／体”

本书的第二部分对各种“消费者心动而行动”的现象，按人数规模分成 7 个模式——从 1000 人到 10 亿人，探寻了其背景机制。7 个模式是以不断扩大的“人数”即“横轴视点”划分的。说到“消费者行动”“打动消费者”，是 1000 人的规模，还是 100 万人的规模呢？如果是 1 亿人的规模，情况将会完全发生变化。无论是哪种情形，我们都可以重新得以认识。

在第三部分，我想从人数的“横轴视点”向“纵轴视点”展开话题。当“打动消费者”时，无论人数规模多少，常发挥作用的是什么？追踪1000人到10亿人，消费者行动的构造当然越来越复杂化。一眼看去会认为1000人和100万人和10亿人按不同的力学在移动。但是，小心谨慎地凝视，发现本质上的相同之处浮现于表面。最终可凝练为“三要素”即打动人心的三要素“心/技/体”。

所谓“心/技/体”是体育界尤其是武道界，为连续创造出最高成就，永当一流必备的“三位一体”要素而广为人知。

“心”＝精神、心情、价值观、心智

“技”＝技术、技能、战术

“体”＝身体、体力、体动

大体上如此。

但要成为“打动人心的心/技/体”，要怎么做呢？我认为是：

“心”＝人的心情、感情、心声

“技”＝媒体、实体的战略和战术

“体”＝体验、体感

这三点是共同的要素，与人数规模无关。

接下来，我分别进行详细探讨。

心——发现心灵的沸点

用“○○心”“○○感”表达人的心境、感情。这正是“消费者行动”时的最重要的要素。因为我们终究要面对的是人。

“尽管认为需要强大的战略、丰厚的资金，但最重要的还是人心呀……抓住最重要的了，太好了。”似乎可以安心了，事情远不是想象中的那么简单。因为从非常易懂的“人的心情”到自己无意识感觉到的深奥的东西是千差万别的。即使一般的“○○心”“○○感”中也存在多种多样的东西。比如：

虚荣心：“我比谁都强。逞强好胜”

攀比心：“大家都有，我也要和大家一样。才安心”

使命感：“这个绝对要做。而且我应该做。嗯，绝对”

连带感：“快，和大家一起，和周围的人一起，什么都不怕”

如此等等，还可以列举出很多很多。

那么在第二部分，介绍了各种规模下人的行动情况。在这里，从“人的心”的角度进行回顾。

打动人心的各种“心”的要素

哪怕有 1000 人的规模，也必须注重一个人一个人的纯粹的体验——“个人”的心就是原动力。坚持“青空文库”的“使命感”、给“下错订单的果冻”一点儿帮助的“同情心”，正是靠一个人一个人形成的原动力成就的。如果是 1000 人的规模，行动依赖人的原动力。毋庸置疑，那种“原动力”越大越好。

假如规模从 1 万人扩大到 10 万人，又会是什么情形呢？到底依赖原动力有多少人会不行动呢？当达到 10 万人的规模时，取代原动力的重要因素是“连带感”，还有被称作“共犯意识”的“连带感”的升级体系。收费电子杂志的读者、情书活动的参加者大概感受到的是某种连带感吧。“不是自己一个人”的欢喜变成了参加、坚持的原动力。进一步看，假如是10万人规模，若不把仅有的“连带感”带入“过激化的连带感”，人是不行动的。参加“超级导游平田”策划的“复仇观光”的太太们、在推特同一时刻念诵巴鲁斯的人们，其共同点是“共犯意识”。类似“连带在一起达到目的的出神状态”确实存在。

另外，从1万人到10万人的规模，相比1000人的规模，作为原动力出现的是或多或少降低了纯度的“心”。“欲望之心”“仪式体验”正是如此。并非是什么光彩的、毫不掩饰的欲望能成为驱动1万人到10万人规模时不可缺少的要素。“荷兰少女”事件中成千的年轻人蜂拥而至，可以说的确是“花心”与“仪式体验”相融合的结果吧。“巴鲁斯祭典”正如其名称，祭典色彩很浓厚。如此看来，可以认为，实际上从1万人到10万人行动现象发生的背景，是“人性的本真”——不愿一个人、如果大家一起做就安心、特别想喧闹等等，作为动机要素起着很大的作用。

以上情形若进一步扩大到100万人、1000万人，会发生怎样的变化呢？扩大到这种程度的人数规模，远远超过“能够连带的界限”。除了个别情况以外，100万人、1000万人依赖连带感、共犯关系、自行驱动力行动起来，非常不易。

那么，在这种规模下打动人“心”的是什么呢？要用一句话概括的话，大体是“因与社会关联而产生的感情”，如“虚荣心”“羡慕感”等。意识到在集团社会中的自己时所产生的感情、对社会抱有的感觉、尤其是毫无理由地服从集团的心理等，成为行动的动机或理由。“女性创业沙龙”现象在很大程度上源于主妇们的“羡慕感”，还有主妇们的“浪漫心”，她们梦想着“如果能成这样多好啊”。透过“富山的净水洗便器”现象，能发现洗便器的推广普及与满足世人的“虚荣心”关联在一起。“雀巢咖啡宣传大使”怀有“虚荣心”，不选择一个人享受咖啡，而是让办公室的伙伴们与自己分享。这也就是说，形成100万人的规模时，“寻求社会认可的心”作为打动人的要素尤为重要。

进一步看，当形成1000人规模时，其中关联到的某种社会心理，就是“攀比心”。在“攀比心”的驱动下，原本依赖与社会相关的感情、心境而行动的层面，出现不经思考盲目介入的“第二层”。

“马拉松热潮”的核心层——配好马拉松服装、鞋子、定期绕“皇居”的跑步者，他们的连带感、虚荣心有成为某种动机的一面吧。但是，在之后开始马拉松的追随者阶层，说“因为周围的人都开始了”“因为流行”，的确“攀比心”成了他们行动的主要动机。“剧团四季”的《狮子王》《CoTrip》经久不衰、长期畅销也是出于同样的原因。如果是1000万人的规模，整体以核心层与追随者层组成的构图运行，追随者层攀比的大众心理介入到核心层连带关系的感情中。

这种模式下起伏不定的心理构造，有时会带来更大的扩张。被称作“流行热”“运动”的现象趋于“扎根”时，就是在更大程度上的扩张，经过一定的时间形成“习惯化”的现象。

1 亿多人的行动规模，正如在第二部分提及过的，简单来说，他们的行动成为“习惯”，而且让人觉得有趣的是，某种现象对许多人的习惯带来改观时，再次归位于本能之“心”就显得很重要了。

日本的 Hello kitty 的本土化，在每个阶段都夹杂着前面提及的各种人的心境、感情，是构造化的东西。但是，面临 1000 万人规模到 1 亿人规模——所谓“全体国民性”的规模时，类似“化妆真开心”如此简单明快的心理在助推着行动（的确，“乔装打扮的愿望”也许就是人与生俱来的诉求之一吧）。即使在印度售卖剃须刀，最后助推的是“受女人欢迎”这样的口号，这是世界所有男性的共同本能愿望。

当达到 10 亿人规模时，大概将进入“普遍性的”境地，也就是讲究是“信仰心”“交流诉求”。反过来说，这样的规模作为人行动的理由，也许只有普遍性的心理。“梵蒂冈国”为不断打动11亿人，虽说付出了与时俱进的努力，但实质上还是得益于潜在的不可动摇的人的“信仰心”。LINE之所以能快速普及的原因在于人“想交流”的普遍诉求。

如此以来，用行动群体的“心”的观点，眺望从1000人起步到10亿人的规模，正是因为身临其境的体验才会有认同感。难道不是吗？

从“个体”到“连带”之心，人们在“社会”摇摆之心的驱使下而行动起来，而且达到了超越性别、年龄、国界的规模，这属于再次回归到“本能”进而是“普遍”的领域。

对媒体、广告等传播方式，如果不去斟酌，仅从“打动人的规模与心理”一个方面去考虑的话，存在做下去能被看透的定律。

“从心声”去发现“心灵的沸点”

对“心”的要素再做深入挖掘。

特别是在“打动人”时，必须更加深入挖掘的不是人人都能感受、体验到的心情（如快乐、开心），而是潜在的“心声”。因为很多时候那是驱使人们行动起来的开关。行业术语称之为“心声（消费者心声）”。

“心声”直译为“洞察”，意思是“人们采取某种行动的理由”，对此我将进行彻底探究。探究到深处，感觉能激发到“这才是真正的心声”。由此可以发现，人一定要开始行动，达到一种可以被称其为“某个点”的东西，在这里，且称其为“心灵的沸点”吧。一旦加热，必然会在某个地方像水沸腾起来一样，假如在捕捉到了正确的心声下进行交流，心在某个地方碰撞到沸点，便开始采取行动。那才是“人行动”的本来面目。

让我们通过《冰雪奇缘》来思考。这里的心声是什么呢？我认为是“追求解放的心”，“Let It Go（任它去）”和放声高歌的主人公。迪斯尼定位的日本市场早期目标并不是孩子而是“成年女性”。想想现在的日本女性吧，职业女性的增加，晚婚晚育化，女性的生活方式呈现多样化。

内阁府的调查结果表明，近十年 25~29 岁女性中大约有 60% 的未婚，生产第一胎的平均年龄为 30.3 岁。人们给出的理由很有趣。男性回答“没有经济实力”的最多，女性回答“不想失去独身的自由”占第一位，其次是“不想影响工作学业”。

主妇的生活方式也在发生着变化。“待在家里是理所应当的”“兴趣是家务和育儿”等价值观成为过去。2008 年，妇女杂志《主妇之友》走过 91 年，也被迫关门，同样受妇女欢迎的《早上好、太太》《漂亮夫人》等也被迫停刊另谋生路。

当今的日本女性处在“想更加自由更加随性”与因职场家庭而烦恼的痛苦的夹缝中。《冰雪奇缘》和“Let It Go”正契合了她们“差不多得了，想随性地活”的心声，能够超越“心灵的沸点”。

第二部分说到的 LINE，至今在全世界的普及仍在推进，在日本打出品牌，其中饱含了读懂“心声”。

据说2011年策划之初，“信息应用”和“写真应用”两项准备在后期研究开发，期间发生了东日本大地震。网络上交流的心声，从寻求“再相逢”到“珍惜和重要的人的交流”，出现了很大的变化。经历过切身体验的LINE以此为契机，正式启动了LINE的信息应用功能开发。在推进开发的过程中，只要参考应用其他公司的社交服务，从未有过联系的陌生人就能相互变成“朋友”。由此，LINE决定以“知道电话号码的真实的人际关系”为工作核心。不久，LINE瞬间开始扩散，下载和大众传播更互相给力。正因为LINE以心声为本决定功能开发和样式设计，才能够达到心灵的沸点打动人心。

如此，捕捉到正确的心声，发现“心的沸点”才是要素之一。

技——策划最佳方案的组合

下一个要素是“技”。我在这里第一次通过与广告、市场营销关联的书籍、讲座，从大家熟悉的角度来谈谈媒体、媒体信息等。

将这些强行放入“技”这一要素中，是由于媒体、社交媒体信息归根结底是驱动人行动起来的技巧。

这里所说的“媒体”是指所有的“信息传播的媒介”，包括以 Facebook，推特为代表的社交媒体；以电视、报纸、杂志、雅虎等为代表的多媒体；还有实体店铺、剧场；影响力人物、宣传大使等。

另外，“contents”是指“以媒体为媒介来进行传播的全部信息”，它包括电视播放的广告创意、有关 PR 结果的报道新闻、大众传媒、LINE 的聊天背景贴图等。

何种媒体该如何使用，创造什么样的媒体信息，如何传播等问题变得日益复杂化、专业化。因此，其中有“技”。重要的是，“不可认为单凭技术就能打动人”。

再说一个要点。也许会是“遗憾的告知”，不存在什么“必杀技”。根本就没有“一击就中”的技术。“一击必杀的技术”只是幻想。

曾经，“电视广告”几乎是必杀技（在没有网络的时代，能迅速锁定聚在一起喝茶的全家人的注意力），但曾经的辉煌已是一去不复返。而且，Facebook，推特受到关注，存在“推特市场营销大获成功”类的影响。但是，当然不存在仅靠推特就能打动人心的好事情。重要的是理解媒体、媒体信息的“特技”，配置相应额度的预算，进行组合。

接下来，和“心”那部分同样，我从“技”的观点，回顾第二部分的案例。

	可控	不可控
谁（WHO）	主体（企业）	第三方（大众传媒及群众）
什么（WHAT）	商品的“销售”、企业的计划（或者构思、蓝图）及商品信息等	商品的口碑、主流趋势 关于商品的再创作
如何、怎么做（HOW）	广告全面覆盖 本公司的社交账号、店面、促销活动等为主	宣传、影响力及大使、社交层面上的口碑宣传等为主

图 3-1　交流矩阵

打动人心的各种“技”的要素

如果是1000人的规模，比较纯粹的“使命感”“同情心”是原动力。高纯粹度的要素——“心”本身是打动人的引擎。因而，这时“技”几乎没有存在的意义。当然，在案例“青空文库”“下错订单的布丁”中，网络、社交媒体介入了其中。但是，正因为作为结果被使用，其中没有任何的“企图”“机关”。正因为没有，并且是纯粹度提高的构造，一旦不高明地过分地使用“技”，也许会造成相反的结果。进一步讲，不依赖网络能打动的是1000人的规模。

从大约1万人规模起，网络作为“扩散信息扩大动机的媒介”的存在感在变大。“电子杂志”“情书项目”都是如此。达到这种规模，离不开网络、社会，而且，由此催生“共同体构造化”。参与策划的动机中参杂着目的不纯的“欲望之心”“祭典之心”，导致将会出现无法控制的东西。

在这个规模上，由于呈现出各种随“心”而动，分化成核心层与非核心层的结构，因此对各共同体实施管理的必要性日渐显现。

膨胀到10万人规模后，要对共同体实施管理的倾向就更为显著，共同体形成时，构造变得更加复杂化。在美国，近年由网络服务扩张导致增加的职业种类“共同体管理者”，很大程度上是应对这种大规模的自然结果。

通过关联Facebook，对俱乐部会员进行多层次管理的“超级导游平田”，是一名了不起的共同体管理者。从10万人的规模起，要实现“可视化”的重要性在逐渐增强。要能够看得见许多人的关系，尽可能显示信息扩散的具体数字或数据等。“Samir与骨髓库”提供已注册的南亚人数、需要的捐赠者人数等非常详实的数据。

另外，10万人的规模，是以一个“影响力人物”为起点，能打动人的规模。当今在Facebook上拥有几万人规模追随者的影响力人物不在少数。多名影响力人物如果连锁性地施加影响的话，理论上足够让10万人行动起来（当然不排除期待值是什么）。

那么，到100万人规模会怎样？“mass”的概念终于在这个阶段要登场亮相了。像“百万销售”“百万热卖”一样，“100 万”是通俗易懂的关于成功的指标。

一般说“为发动 100 万人购买，需要 1000 万人了解的状态”，多媒体发挥的作用必然也会增大。从 100 万人的规模起，需要有目标明确的“技”，通过广告、PR“让许多人了解、也让许多人理解”。而且，在这个规模，共同体范围外的人更加多样化、复杂化，他们在相互作用下发起引人注目的行动。

比如，“女性沙龙”，不单有超级女性沙龙、一般沙龙，还有憧憬沙龙的主妇们、介绍沙龙的媒体、协作沙龙的企业……构造是复杂的。在这个复杂的构造中，一旦“虚荣心”“羡慕感”成为动机，保证“媒体信息的质量”就很重要。需要“没有目的的纯粹的”信息。

女性沙龙应该由“出色的杂志”给予介绍宣传，防止协作沙龙的企业带来负面的影响。

还有，从数 10 万人到 100 万人起，所谓的“标识分类”（给特定的群体、行动标注上名称）开始登场。“女性沙龙”

与“雀巢咖啡宣传大使”就是最好的例证。通过标识分类，形成共同体意识提高、易参与报道、大众传播的优势。

100万人的规模随着时间的变化进而扩大，出现达到1000万人规模的情况。发展到这一步，已经毫无疑问成为“世态之事”。100万人的规模，有参加动机的人通过媒体（广告、报道）获得信息。而1000万人的规模，有参加动机的人通过不断的“目击体验”获得信息。反过来，如果以打动1000万人为目标，必须想象如何到达“人们在日常生活中自然看的状态”。

媒体关注“马拉松热”，实际上是为在全日本能发现更多的跑步者提供了更多的机会。“职业女性周末短期游”也是在“攀比心”的驱使下，才出现“参与者人数增加，进而目击体验者也在增加”的循环结构。所谓战略PR“氛围营造”，通过实际增幅达到引起舆论关注的效果，正是这种结构。

马拉松热当中的“皇居”、《狮子王》中的“四季剧场”等有强烈地标性的场所，发挥了作为某种“室外媒体”的作用，这点很有意思。到达1000万人规模，需要把握住时机能吸引更多参与者。

一旦到1亿人的规模，就像打动人的“心”再次回归到本能性的东西上一样，“技”的效力变得相对单薄下来。到这一规模，作为打动人心的技巧的“技”，不断被演绎。如果要举例说的话，1亿人的规模以“生活习惯”“惯常节日”为前提的“启发性的宣传”变得重要起来。它必须改变既存的“价值观”。“Hello kitty 是大海那边的节日”“还是留胡子有女人缘”正是改变了认识、价值观。从“技”的观点出发，可以说是难易度更高的规模吧。

最后，来看看10亿人的规模，必需的“技”是什么？是“非语言交流”吧，它超越了世界上无数的媒体、媒体信息。LINE 成功的实质并不是作为信息应用的功能性、聊天表情贴图等的完成度，而在于真正步入了“非语言”的领域。

“如果想传播就不要打广告！”“现在用社交媒体扩散！”“制作漂亮的电影吧！”“得到那个人的推荐就能卖得好！”……媒体信息领域每天都充满着这些声音。

但是，请稍冷静下来。首先要认识到那些都只不过是“技”而已。在不经意地抓住由10万人到10亿人要行动的构造时，您应该能够逐渐发现“施展技的地方”。正是由于在适合的地方施展了“技”，所以才发挥了作用。

组合“技”——了解“最适高尔夫俱乐部”

多媒体、社交媒体说到底还是“媒体”。广告、PR、促销等说到底还是“技法”。所有这些单独的是“技”，组合起来才是“技艺”。关于这点几乎没有什么好争论的。但在这里重要但又不好做出回答的是“如何发现最适合的组合呢？”。在第一部分田端把“技”的组合比作了“高尔夫俱乐部”。

请您思考一下。需要飞行距离时，突然拔出轻击杆的打法，连高尔夫的初学者都不这么做。不应当“漂亮球”一进球道后，才不慌不忙地准备用1号木杆击球。这对那些不打高尔夫的人都是理所应当的，但为什么在“打动人心”时就不是理所应当的了呢？使用高尔夫球杆限定每人不超过 14 只，打动人的球杆 = 广告、媒体、限定的预算配置、时间、劳动力。您的球袋里应该准备几只球杆呢？应该按怎样的顺序熟练地把球击入球洞呢？您是以此为目标吗？

在此，我率性地做一个指南。“率性”（是自己的执拗，抱歉了）。原本，对目的、产品等理应做个别判断，用一张图来总结尽管有些风险，若真到了向笔者索赔的地步，也会损害到读者的利益（强行让读者感谢我，真对不起），总之按自己的想法做了。

首先从基本思路开始整理吧。请您看图 3–1 的“交流矩阵式图”。

正如我在第一部分介绍过的，今后的时代，不可控领域的比重在增大。首先最重要的是能意识这一点。图表的横轴表示“可控（control）”与“不可控（uncontrol）”。纵轴表示交流的三大要素，即“谁说 WHO”“说什么 WHAT”“怎样说 HOW”，也就是“2W1H”。

在可控世界，信息发送方当然是主体者（企业、组织或者想发信息的个人）。来考虑一下你自身、你的公司吧。应该发出的信息是“商品的销售”“企业的计划”等。作为传播手段有广告、促销、自己公司的公共账号等，最好是“能够牢牢地控制住适合自己的信息传播技巧”。

在不可控世界，信息发送方“不是自己而是谁谁”，是多媒体、一般大众传媒投稿的“第三者”。存在“第三者替你发出的正是你想发出的信息”的情况，也存在“并没发出你想发出的信息”的情况。因而，把个人要发出的信息打造成让人感觉不带有宣传色彩，是“很可靠的客观信息”。信息的主题是“商品评价”、“商品发展大趋势”，主要传播手段是PR、社交大众传媒。您也许会质疑：既然是不可控，怎么还有“传播手段”，难道不矛盾吗？您可以认为：“100%不可控，那也是为发送更有利的信息而实施的技巧”。怎么样？您对信息传播有基本的印象了吧？

在以上的观点中加入“应该覆盖的人数规模”要素，用图3–2“技的高尔夫俱乐部”表示各种媒体、方法。

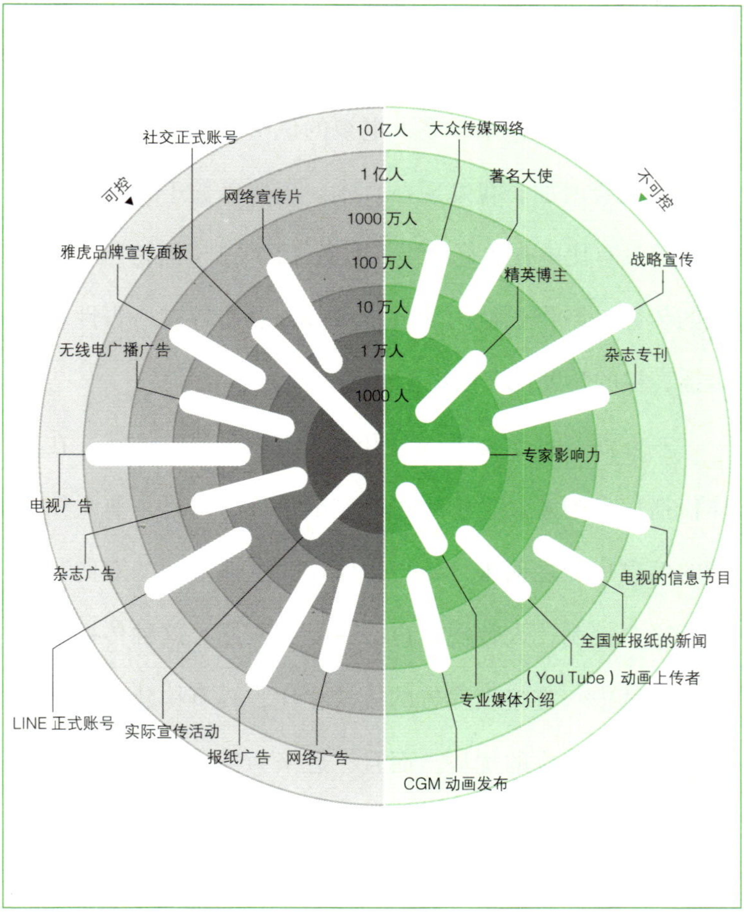

图 3–2 “技”的高尔夫球俱乐部

简要说明：同心圆表示覆盖的人数规模。为第二部分设计了从 1000 人到 10 亿人的 7 种刻度。同心圆向左向右延伸，表示“可控”世界和“不可控”世界。

“广告”说出投资者想说的话，传递出投资者想传递的信息。如果购读者、试听者增加，费用也会相应增加，比如报纸的购读者比杂志多，电视的试听者比报纸多，相应的费用也会增加。我发现在日本，想覆盖数千万人规模的媒体，没有比电视更好的。而且近10年基于因特网社交媒体的传播、制作投稿的动画很盛行，这些带有广告性质的传播，目的是助推在网络上的“不断传播”。

一方面，自己公司的公开账户Facebook、推特，在主体传播信息的意义上进入可控制的世界。但是，非主体传播的信息也随之而来，使得主体与非主体之间的双向交流不能完全控制，人数规模也必然受到限制。这种传播方式与只是其中一方打出广告的方式相比，具有构建“经常持续性”网络关系的优势。而且，近来为尝试通过真实直观的交流吸引消费者，呈现出从网络交流回归到现实生活中直接交流的趋势。

把目光投向不可控的世界吧！PR是这个世界的主角，PR的目的不是向媒体投入资金，而是通过提供有价值的

“情报”，最终得以通过媒体来展开宣传介绍。

“如何传递”的决定权，不在企业方，理应是委托于媒体方（电视编导、报纸记者杂志总编），但通过提供信息制作、取材对策，某种程度上的控制性成为可能。

相反，“战略 PR”利用不可控的优势（社会性依赖性）发起舆论，唤起需求。Highball 热（掺了苏打水的威士忌）、生姜热[①] 覆盖 1000 万人规模的实例并不少见。

另一方面，因网络、社交媒体的普及，“个人”媒体化，被称为公众人物宣传大使的“影响者”的公信力在上升。尤其是因 You Tube 动画社交媒体信息的超凡活力，制作投稿人受到越来越多的关注，而实现覆盖百万人的规模。尽管单个的媒体信息不具备强大的发信力，但 UGC（消费者生成的社交媒体信息）的品质在大幅度提高，所以出现

① 近年来，日本“生姜族”日益壮大，以年轻女性居多，她们随身携带装着生姜的小瓶子，无论吃什么都会加入些生姜。日本公司推出的“生姜速溶汤”系列产品，年度销售额高达 3000 多万元人民币，成为日本食品市场中的超级热销商品。此外，生姜口味的牛奶糖、黑醋等各种加了生姜的商品，在食品卖场都受到消费者的欢迎。前所未有的生姜热潮正在席卷日本。

了多个相同主题的媒体信息活跃在社交媒体而实现大幅度的覆盖。

请求各位对“概说”给予包容。事实上，更为细致的解说是必要的（因为针对一个一个的方法大概能出好几本书）。但重要的是，站在一定的高度，思考您的目的、状况，能决定选择哪个俱乐部，或者不能选择。

《冰雪奇缘》的组合搭配非常绝妙。斗胆进行粗略划分的话，在各种方法中，有 100% 可控（广告、宣传活动）和 100% 不可控（PR、社交媒体）两种方法，通过巧妙叠加话题而得以扩展。

其中，具有重大意义的是，You Tube 上大众关于“Let It Go”的相关投稿。“试唱过”“口型好得吃惊”的动画，回放次数超过 1000 万次。最终，“一边唱《Let It Go》一边慢慢进入忘我状态的狂欢”，社交网络上令人感兴趣、不计其数的动画投稿在传播着。同时，名目繁多的新闻报道“演出收入突破 100 亿日元！”“主题曲 Oricon 排名第一”等，带动了网络下的传播，加速了现象的社会化。

如此一来，有效利用不可控媒体和社交媒体信息（大概是战略性的），针对有把握的目标、通过广告促销去补充完善。可以说，这是非常与时俱进的拓展方法吧。

最近，有不少和《冰雪奇缘》一样的热点，对应目标，阶段性地设计、传播方法而获得成功的案例。仅用2年时间，累计销售台数突破150万台的被褥清洁机“RAYCOP”是其中一例。

该产品通过“清洁造成房屋灰尘的被褥”的概念，确立了“被褥清洁机”的属性。过敏人群的增加、无法晒干的高层建筑物的增加等，也助推了普及。但RAYCOP的市场营销手段针对每个阶段采取最适合的方法。

在真正启动销售的2012年，首先聚焦有小孩子的妈妈群。配合“晒干也不能完全去除被褥上的螨虫”情报信息，进行产品诉求宣传活动。由此展开PR，通过杂志、报纸、微博媒体的登载逐步扩散。2012年10月，通过“家电行业的公众形象——Japanet takata（日本通信销售公司，总部位于长崎县佐世保市日宇町）”介绍原模型，DOWN TOWN DX（日本电视台于1993年10月21日开始每周四22：00—23：00（JST）播放的读卖电视制作的谈话综合节目，是该电视台的冠军节目），在“SmaSTATION！！”（电视朝日系列2001年10月13日开始播放的情报修养综合节目）中登场。最终被选入“2013年热卖商品目录”，从大众传媒到PR阶段获得成功。并且，充分准备把握时机，从2014年2月起，大幅度开展电视广告、室外广告活动。

由此，策划制定对应目标的“最适宜技的组合搭配”，是第二个要素。

体——让消费者亲身体验，感受到心灵的沸点

最后，我们来探讨一下“体”吧。

首先，要抓住的要素是表达人的心境或感情的“心”。使用“技”，把它们巧妙地结合起来。还有人们在行动时，

不能忘记的要素“体”——“体感”或“体验”。

我们试想一下自己。如果听从自己内心的召唤去处理信息的话，结果是“随心而动”吧。但是，要真正行动起来，实际上还是经验的“什么”在助推着行动。

这并不是说任何东西都必须是真实体验 = 不能是通过网络的虚拟体验。网络、社交媒体极大程度地构成生活的基础设施。在这种环境下，“体验过的”微动力，成为驱动消费者行动起来的重要因素。

各种“体验”的要素

从 1000 人到 10 亿人的“人的行动”中，能观察到“体”的要素。

“超级导游平田”投稿到 Facebook 的照片，意在“看照片的人分享一起旅游的感觉”。把共同体内的体验最大化，对无论参加过还是未参加过的人，通过共享去激发他们参与的欲望。

“女性创业沙龙”与原来的料理教室、习艺相比，是能够积累“在附近的自家沙龙现场预约、现场结算”这样“小体验”的机构。这些机构在培养着回头客。“马拉松热”看到跑步的人，“职业女性周末短期旅行”看到腋下夹着《Cotrip》的人，所谓的“目击体验”在放大，目击体验与参与或购买的行动联系在一起。

到“万圣节”，乔装打扮的鬼怪云集在职场、近邻共同体的“聚集地”，结果，给不是自发参加的人群带来无数次的“第一次的化妆体验”。可以想象，这很快会成为万圣节扎下根来的契机。

经常说“觉着被骗了……”“Just do it”。人这种动物，即使自己听从内心的召唤也思考过了，还坚持通过“体”进一步感受，再决定采取行动。大概是让自己的“五感”都过一遍，最后才算安心吧。

先把是否进行核心体验（因为本身已经在行动中）放在一边，无论是疑似的，还是阶段的，组合“体”的要素都很重要。

那如果是“体感”“体验”，什么都可以吗？并不是。

我认为“体”要素的重要性似乎容易能够得到认同，但问题是“让体验什么”。

但令人意外的是其中存在陷阱。

比如：假定目标是“希望喝更多的新产品啤酒”，如果您是担当者，您会怎么做？

“因为对新产品的味道有自信，总之希望顾客多喝！”也许您会在车站大量散发样品，举行大规模的试饮促销活动。这并没什么不好，也没什么错儿。也有顾客通过试饮实际感受了啤酒的味道而购买。但是，仅此就能让“顾客动心”吗？如果竞争对手散发更大规模的样品又会怎样呢？

“让顾客体验什么？”才是打动顾客的重要策略，需要下功夫。在这种场合达到目的的启发，实际上就是“心灵的沸点”。让顾客体验发自心声的“心灵的沸点”。

《冰雪奇缘》之所以成功，是把其中的要素嵌入到了一个目标点——谁都能够体验的行动。就是唱《Let It Go》的体验。

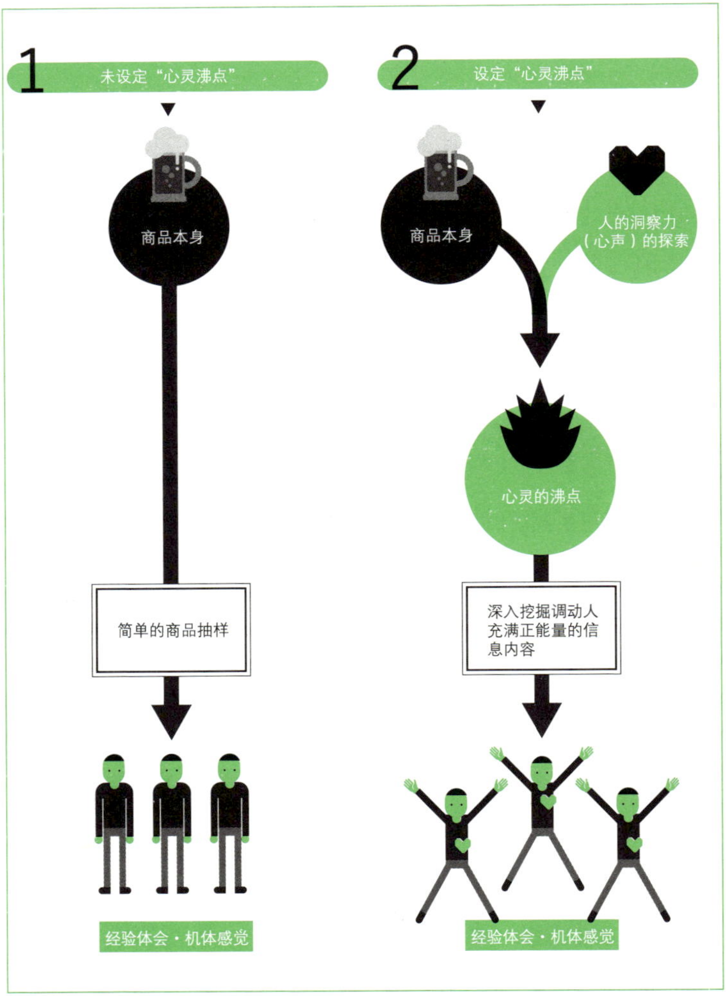
1
未设定“心灵沸点”
商品本身
简单的商品抽样
经验体会・机体感觉
2
设定“心灵沸点”
商品本身
人的洞察力
（心声）的探索
心灵的沸点
深入挖掘调动人充满正能量的信息内容
经验体会・机体感觉

图 3-3 “心灵沸点”的体验

如前所述，无数的人在唱这首歌曲（包括对口形）、投稿 You Tube，围观的人也很多。甚至开发了在剧场边看电影边齐声歌唱的“单曲版”。从孩子到大人，无论是现实生活中还是网上，全日本都体验了唱《Let It Go》。

而且，正是这种体验才是能够点燃人们“心灵的沸点”的好办法。如果去思考“啤酒的样品”，结果会是怎样？通过大规模的“试放映”让很多人免费体验产品，或者制造出剧中出现的“冰的宫殿”让人体验……尽管灵感涌动，但如果与“心灵的沸点”无关的话，也毫无意义。

“让顾客体验心灵的沸点”这一探索，在海外已有许多先例。我们就以 2014 年备受瞩目的世界杯主办国巴西为例来介绍相关情况吧。我具体来说说护手霜品牌“NIVEA”策划“The Protection Ad”的故事。

拥有美丽海岸线的圣保罗，有很多妈妈带着小孩子去海滩。所以，妈妈们十分在意两件事儿：一是不要被晒得太厉害；二是在拥挤不堪的人群中别把孩子弄丢了。

NIVEA 瞄准这些妈妈，在杂志上打出广告。不过，那不是简单的广告。在写着“NIVEA 守护您的肌肤和孩子”字样的广告页，备有防水加工的手镯“Sun Band”，可便捷地取下。妈妈们从广告页将手镯轻松取下，戴到孩子的手腕上。手镯能让妈妈们很容易地掌控孩子的行踪，一旦孩子离开了安全区域，里面的报警装置就会启动。

这个体验的设计牢牢抓住了带着孩子去海滩的妈妈们的心声：“尽管在乎被晒着，但最在意的是孩子们因乱跑而失踪。能安心了那才轻松自在”。解决问题的得意之处在于“体验”，技术只不过是在实现目标前得以应用而已，可以说是将极易陈腐的日常用品的营销宣传活动巧妙地转变到了“体验的什么”。

把“心灵的沸点”体验或体感明确设计定位到整体的核心，这是第三个要素。

打动人心的生态系统——用套匣式结构去思考

以上对打动人心的三要素“心 / 技 / 体”，分别做了简要的解释说明。您觉得怎么样？把人数规模扩大的“横轴视点”与相互关联的三要素“纵轴视点”组合起来，打动消费者结构的整体图像，即使还不够清晰，但您也会有构图了吧？

在这里，更为重要的是“套匣”式的结构。您想像一下俄罗斯工匠有名的“玛特罗什卡套娃”把最外层的人偶的身体分割开来，里面嵌套着比外层小一圈的人偶。再继续分割下去，嵌套的人偶越来越小……。最后的中心嵌套着小小的人偶。

我们可以设想最小的“人偶”是：“1000 人规模的消费者在行动”。那么外层再大一圈的“人偶”就是“1 万人规模”，再依次往外层就是 10 万人、100 万人……人偶越来越大，最外层就是 10 亿人的规模。

也就是说，某种规模下的消费者行动，其中内含着比它规模更小的消费者行动。

如果这样去构想，应该能够更鲜明、立体地把握打动消费者的结构。

比如，想打动100万消费者时，先从打动1万人开始。那扩大到10万人停滞不前的瓶颈是什么？从与100万人的区别去思考，比如，从100万人规模分析打动1亿消费者的成功秘诀……从嵌套各个“套匣人偶”的要素“心/技/体”展开构思。

当然，不是说这个构造是万能的。既有和“套匣”基本无关也能打动人的案例也并不是所有现象要按照这个结构扩大下去。

通常所说的“畅销”、“流行”，表面看上去消费者一下子行动起来了，其实稍作分析会意外发现其本质就是“套匣式结构”。无论是偶然还是战略，从内层的小人偶开始引燃，接着不断向外层嵌套人偶蔓延，最终因最大的人偶动起来了，而引起人们去认识去判断。

如此把握理解，套匣式结构是整体像某种生态系统一样在发挥作用。当有意图地去打动消费者时，尽管“技”的要素不可缺少，但仅依靠技（媒体、信息）去打动消费者的设想有不合理之处（并且会越来越有难度）。

消费者的规模与其中存在的心境、感情是相互动摇，以并不紧密的关联在彼此影响着，想要直接掌控非常不易。重要的是，首先要理解这个结构，在理解的基础上多构想。在构想的基础上，探寻发现需要加入“技”的地方。

打动人心的战略这样去规划“5 个步骤”

到此，我梳理了“打动人心的要素”，进行了多方验证。在第三部分的最后，我将建议您或者您的公司，应该如何去规划、实施打动人心规划的“5 个步骤”。

“步骤 0” 首先必须明确“目的”

在了解 5 个步骤之前，一定要明确目的和基于目的的目标——究竟想要打动多少消费者，他们是谁，是怎样的人？

尤为重要的是目标定位哪类群体的多少人的“什么行动”？如果目标明确，但没有按照 5 个步骤开始行动，就算失败吧。是让“10 万年轻女性体验自己公司的商品”，还是“让 1 万人登录店铺”，或者“至少让 1000 万人了解新品牌”“尽可能让更多的人”……这些都把规模模糊化了，一定要避免。我们需要具体化的目的和目标。

以某尿不湿产品为例。要向 300 万妈妈传递：这种尿不湿具有“连续 10 小时能吸收”的功能，能保证“婴儿睡眠的质量”，把品牌的选择与销售连接起来，这正是目的。

“步骤 1” 尝试全盘托出“目标心声”

关于“心声”，我在前面已经做过阐述，这里稍作回顾。

心声是“人采取某种行动的理由”。不同的行动存在不同的心声。

首先应该从能发出多少心声开始入手，具体策略有“对应目标直接采访多人（小组聚焦）”，还有近来“从网络、社交媒体上收集目标的原始声音”，或者是两者相结合的方法。

发掘心声的方法有若干种，具有代表性的是“不断听取不采取某种行动的理由”。这是由于比起“选择干什么那是因为快乐、需要”，其实在“不想干”的理由中隐藏着更多真实的心声。通过反复疑问、解释，大范围地聚焦三、四个目标（=想行动的群组），就可以搜集到真实的心声。

尿不湿的实例中多个采访凸显出如下道理：“关心的是孩子不睡觉，但只要能睡着了，不管睡眠质量好坏”“原来睡眠质量有那么大差距”“能改善睡眠质量当然好，但那不是改换现用尿不湿的理由”。

“步骤 2” 让“目的”和“心声”相抵

当出现几种心声时，接下来最重要的是目的与心声的相抵。就是说，为达到步骤 0 已经明确的目的，应该考虑采用哪种心声。其结果能发现人心动的“心灵的沸点”。

通过尿不湿的实例，我们看出仅仅说“提高睡眠质量”是不能与目的相抵的。那么，应该对接哪种妈妈的心声呢？继续研讨的结论是找出“睡眠与脑发育有关”的线索。

当问到妈妈们每天的行动，说在公园和其他妈妈聊天时，孩子发出的声音和站立就是最微妙的内容了。当然，每个孩子之间的发育都存在差异，妈妈们看到同月出生的孩子比自己家孩子长得快就感到不安，反过来也同样。从这点可以发现其实家长都有一个强烈的心声："孩子们都一样可爱，但希望自己的孩子比其他孩子成长得更优秀"。把这个心声相抵到对尿不湿的兴趣中，以"婴儿睡梦中脑在发育成长"的事实为出发点，将"用能长时间保证婴儿酣睡的尿不湿，婴儿会变得更聪明"作为"心灵的沸点"了。这正是目的与心声相抵的步骤。

"步骤 3" 为点燃"心灵的沸点"决定该传递什么

到此该进入抓住"应该传递什么"的阶段了。为了实现在步骤 2 决定的"心灵的沸点"，需要思考接下来应该传递什么样的信息、情节。您也许已经了解了，到现在为止的过程为什么重要。先确定能让"期待的行动"出现的要点，不在目标上动摇。比较容易出现的模式，是从上一个阶段飞奔而过，突然开始思考信息、情节。这种模式出乎意料的多。

在尿不湿的案例中，开发了“脑育眠”这一关键词。高质量的睡眠能培育婴儿的脑的发育成长，这就是“脑育眠”。重要的是妈妈呵护婴儿的睡眠节奏，不干扰婴儿的睡眠，“选择长时间干爽的尿不湿吧！”把这些信息巧妙地编织进了情节当中。

“步骤 4” 准备体验“心灵沸点”的内容

下面的步骤，是具体体现信息、情节，准备好与体验、体感结合起来的“机关”。迄今为止的立意构思，易成为“广告内容”——CM 的影像、宣传形象。在此，请打开思路自由自在地去构想。要点依照步骤 3 的信息、情节，尽可能“不要做成仅局限于产品本身的东西”。再以尿不湿为例，它开发出了“脑育眠体操”。具备这些体验、体感要素的大众传媒信息内容，各位的公司可以自行制作（像《冰雪奇缘》一样），也可以激发普通人去制作。重要的是通过大众传媒信息和场所（包括疑似体验）体验的机会越多，越容易激发目标人群的“心灵的沸点”，促成让消费者心动的设计。

“步骤 5”“秉承省钱的原则”决定传达方式

终于进入最后的步骤了。到此，可以说打动人心的情节剧本立意的 70% 已经结束了。最后的环节是为实现剧本情节，选定与组合媒体战略的“技”，以及相应的预算分配。

现在，种类繁多、把握不尽的传播媒体在泛滥着。即便是广告，从斥巨资的电视等多媒体，到相对不花费预算的数字广告、社交广告，应有尽有。如果能设计出新闻性话题性，不购买媒体（报道）也能进行 PR。同样，如果能够成功地在网络上寻找到有影响力的人物，既能扩展话题，动画媒体也能扩散信息。Facebook、推特的账户，是个人能直接使用的传播工具，如果列举周围的使用情况，数不胜数。

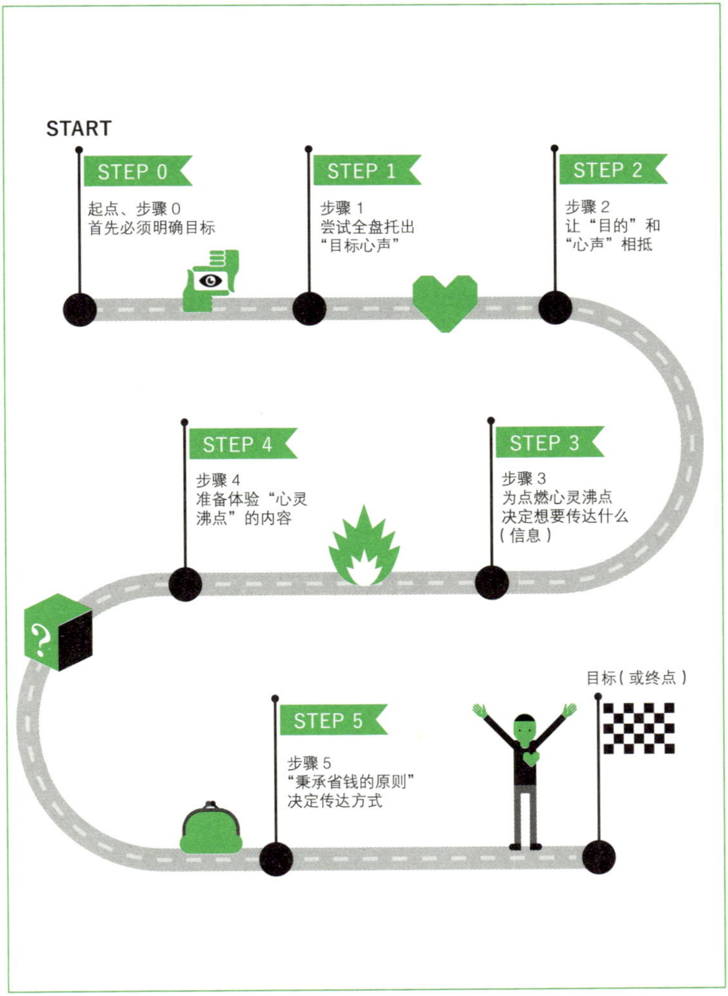

图 3–4　为调动人积极性的战略而拟定的“五个步骤”

在此，明示一个根本并且有效的方向——“秉承省钱的原则决定传播方式。首先应该明确自己的目的、能吸引对方的规模，在此基础上再去思考，尽可能选择不投入费用的方法去探究。即使出现偏误了，也要避免冲动、决断地做出选择：“因为想一下子打动消费者，虽然有点儿贵只能打广告了。”广告（营销活动媒体）是最后的探究手段，这已经在欧美逐渐常识化。

作为基准推荐给大家的关键数字——“4000”“20”“3”

明确地说，“打动人心”在今后的时代不是简单的事情，难度反而将大幅增加。因为，根据目的、状况，必须按照“订制”的模式去考量你的做法。

前面讲到在规则改变的时代应该留意的要素，这里想再添加几项，转告我本人思考的“3 个数字”。把自己的所思所想用数字化的形式记录下来，为在今后能成功宣传提供启示。如果您能记下，那我感到万分荣幸。

1天冲击您“4000次”的广告信息

生活在当今时代的我们，1天受到4000多则广告信息——商品标语、网络动画、手册、电视广告等的冲击。连续几年上演的广告宣传，就连广告业界的人自己听了都厌烦。有超过3000或者5000的各种说法，总之“多得处理不完”。

在第一部分，我讲到了网络、社交媒体的普及带来的“信息爆发”。生活中信息总量在增加，其结果使广告量大增，由此导致所有的企业陷入“不持续发送信息就感觉不对劲”的境地，进而加大信息量，造成恶性循环。

尤其在社交媒体界，不断渗透着“哪还有没宣传过的商品”如此残酷而且毫无根据的认识。

现实成为目前“通过传播某些信息打动消费者”更艰难的巨大的环境因素。在实现本书讲述到的目标时，首先要充分认识到“消费者每天在接触着超过4000则的广告信息”。

要预留好“20%”作为“对应预算”

预算问题在进入市场营销阶段时，常常是棘手问题。当然，“花多少钱妥当”的投资判断、ROI（投资对应效果）的验证很重要。但是，我在这里想说的是关于“余力”。就是说，不能一开始的计划就是花光预算，而是预留好 20% 作为“对应预算”。

“预算”根本上就是要花光的，这在媒体广告可控的时代，尚且可以。但是，正如已经提及的，当今是一个不确定的时代，是一个充满不可控因素的世界。在这样的时代里，“精致计划”越来越失去了意义。与其精致地制定最初计划，不如抱着“不试一试怎能明白”的念头灵活执行计划更能与时俱进，也能提高成功的概率。为此，作为“对应预算”预留出 20% 的策略更符合时代的需求。

我们处在一个即时反复验证与判断，相比执行精致的计划更易出成果的时代。尽管现实依然很艰难，但一边向前奔跑一边储存体力的思路很重要。

约3成舍弃

在社交媒体趋于完善的当今，“一切皆可控”几乎不可能实现。从风险的观点来看，必须应对前所未有的“意外的事情”——从未想到过批判、误解、任意的解释。就这个意义而言，强化广泛性的风险对策当然是正确的。但是，需要有前瞻性的气魄。

如从前一样，越是要坚定地控制不可控的世界，越是暴露出“难堪相”。不如，在接受新时代的基础上，进行广泛深入的交流才有可能博得极大的共鸣。

《冰雪奇缘》成功的重要因素，某种意义上是对迪斯尼的断然舍弃。迪斯尼的确是迄今为止掌控一切的代表选手。尤其是它完全掌管着肖像权、形象权，如宣称米老鼠“世界仅有一个”，同一时间不能在主题公园出现多个。

但是，《冰雪奇缘》把日本人、全世界的普通人都带进了“Let It Go”动画中，人们默认它（不清楚是否是战略），其实这并非是有意掌控的结果。的确，“Let It Go”的创作给《冰雪奇缘》的成功带来加分的效果。

也有“正因为舍弃”才成功的案例。“船梨精”[1]已经成为全国人民的人气吉祥物。

“船梨精”到目前为止与当地的吉祥物形象明确区分，由于没有得到船桥市的支持，基本上以“非公认”的形象出现。船桥市正处于“Let It Go”的状态。

“船梨精”把“非公认”逆转为强势，改变了迄今为止的官方吉祥物的概念。用高亢的声音快速诉说，用奇妙的动作吐槽，从而获得了时代的共感，在“当地形象大选2013”评选中堂堂正正地获得全国第一名。据说出演企业广告6次，如同人气明星一般，船桥市仅靠这一项经济收益就超过了1亿日元。

---

① “船梨精”的名字是船桥市和当地水果梨子的组合，它是船桥市的非官方吉祥物。“船梨精”的发家史也算是一部逆袭史，它的创作者在2011年曾向船桥市政府推销“船梨精”，想让它成为官方吉祥物，却遭到拒绝。于是“船梨精”到处参加活动，推广当地旅游，目前已成为日本家喻户晓的吉祥物。随着知名度和人气不断攀升，“船梨精”也开始走向世界。“船梨精”的吸金能力也在急剧上升。2014年，它所产生的经济效益已经超过60亿美元，有人称之为“船梨精经济现象”。

结果，“船梨精”的“舍弃社交媒体信息”为船桥市作出了贡献，这与《冰雪奇缘》的迪斯尼有相通的部分。

尽管如此，没有必要对一切都要舍弃挑战。完全可以掌控的部分是重要的、不变的。“约 3 成”舍弃的（= 交给社会、消费者）状态恰到好处。通过自己的商品服务去斟酌就能理解，尽管才三成，但需要相当的勇气。如果以此为努力的界限，当前是正适合的。

最好要放弃的与最好不要放弃的

本书已接近尾声了。

您有要放弃靠广告媒体打动消费者的想法了吗？还是认为还远没有必要放弃？

哪个都可以吧？……最后，您若真还怀着一种无所谓而且很快丧失兴趣的感觉，那我感到非常抱歉。撰写这本书的真意，总而言之在于首先要摧毁过去“单纯依靠广告媒体打动消费者”的幻想，尝试进行全新的设计。在此基础上，重新冷静地思考自己日常的工作、应该达到的目的及目标。这样，在自己内心也许能够看清“最好舍弃的”和“最好不要舍弃的”。

以下作为本书的总结，整理笔者认为的“最好要放弃的”和“最好不要放弃的”。

最好放弃的

相信只要依靠广告媒体能辐射到很多人，就能打动人心

对什么都想要控制

相信只要投入很多资金消费者就会动心

认为如果宣传商品、服务的优势，就应该能让消费者感兴趣

最好不要放弃的

探求消费者的心声（大众的声音）

给世人展示本真，把某种程度上的判断交给社会

找出广告媒体发挥真正作用的最佳搭配

相信社会上泛滥的情报信息中存在与自己的商品、服务亮点有关的东西

可是，各位了解“AKIRAMERU 放弃”的意义吗？

如果被问到的话，大概会回答“把什么东西中途丢掉”“接受不好的状况”等。无论怎么说，都是否定的不积极的感觉吧？

但这都是错误的。

查阅“AKIRAMERU 放弃”的语源，发现它原本是佛教用语，写着“AKIRAMERU= 明 RAMERU”，是“明晰事物的道理、真理，放弃固执”的意义吧？的确，是向前、积极的意义！而且，也再没有能恰当表达当今的广告媒体状况的语言了吧？

放弃意味着飞跃前行到一个崭新的世界，一个在前方等待着我们去探索的世界。本书愿为各位的“开心的放弃”助一臂之力。

超越“专家”界限的是“门外汉”的勇气

笔者二人具有自认是媒体“专家”的自信。但是，到最后回过头来深感惶恐。关于“专家”，我想介绍敬仰的物理学家尼尔斯·亨利克·戴维·玻尔（Niels Henrik David Bohr）的警句：

所谓专家，是“在非常狭窄的范围内，体验过会出现所有错误的人”。

在撰写本书的过程中，我们一边说着“放弃”，一边就“为什么依靠广告媒体消费者不动心？那怎么做消费者会心动呢？”等等不服输地坚持思考。但是，从前面介绍过的“专家”的习性来看，如果用一幅了解缘由的面孔解说“为什么用当前的做法不能顺利推进？”会显得更有说服力。告知具体的“怎么做能顺利推进？”反而说服力不强。既然市场营销、PR 包含技艺和科学两个层面，那就是说不存在有确切的再现性的科学，“这样做一定能顺利推进”的断言应该是有责任的。

在依靠广告媒体不能让消费者心动的背景下，什么会让消费者心动呢？我们认为是，当面临最终都不能确定是否可以顺利推进的状况，决意“就这么干了”的那份“勇气”“机智”。这么说恰好就是为挽回下错订单制造 POP，通过推特扩散消息的生活协会的店员的那份勇气和机智。

没有冒险、蒙羞、失败“决心”的人、没有对人内心洞察的人，精通多少技巧、技术，不可能让消费者心动、掏钱包、发起并参加改变社会的运动。

最后，感谢同期执笔长达近一年的本田先生。与本田先生多次的商讨，让我感到温暖、快乐。和有多次出版经验的先生相比，这本书是我写作的第二本书，共同著作还是第一次，有很多不成熟的地方，得到本田先生的悉心扶持，表示衷心感谢。

2014 年 7 月吉日　田端信太郎

后记 2

电视节目的播放曾经有过“黄金时间”的说法，指收视率高的晚上 7 至 10 点这段时间。在黄金时段播放电视剧、动漫、抢答节目，同时有大企业赞助商的“提供”。真是令人怀念啊。

“黄金时间”是经常被提及的，这个时间段是许多日本家庭享受家庭温暖的黄金时间！家人忙了一天的工作学习后，围坐在一起看电视、聊天，其乐融融！因为动用高额广告费，黄金时间的确打动了很多消费者。吸引了消费者，拥有打动消费者的魔力——黄金力正是广告媒体自身的价值所在。

时代变了。在此没有必要喋喋不休地再次指出，大众广告、社交媒体的力量已经相对低下了（我个人认为与其说低下不如说是被“最适合化了”更准确）。曾经的“黄金力量”真的消失了吗？

不，不是。我认为只是转移了。转向哪里了呢？

答案是：在您和您的商品里。广告媒体本身并没有魔法。黄金时间已经是幻想。在黄金上应该磨砺的是商品服务本身还有相关的“STORY”。广告媒体只不过是放大了它们的效果而已。而且，这个时代已不是期待靠广告媒体就能改变原本没有价值的商品命运的时代，正所谓没有付出就不会有回报。

“针对不同人数的规模，考虑对应的机制”这个理念从 5 年前开始就扎根在我心中了。这个世界对“打动消费者”的兴趣、关注消费者从未停止过，有关的议论、书籍大多都是“广告”“PR”“推特”等的策略论。难道根本上不需要从最基础的“人数”观点去考察吗？策略论不是应该在其后要选择的最适宜方法吗？当今的时代，这些才是根本——也正是故交“媒体达人”田端先生与我拥有共同的这一理念，才成就了本书。

如今，再次认识到打动很多消费者的原点仍然在于“打动一个人”。本书中讲述的“心灵的沸点”如果对一个人都无法做到的话，就永远不会对 1000 万人、10 亿人有用。在驱动广告媒体前，您能否重视“一个人的心声”呢？在“黄金时间”消失的时代、规则已改变的时代，依然蕴藏着等待挖掘的机遇。

本书的完成得益于许多人的帮助，在此深致谢意。首先是千叶正幸，从策划本书开始，近一年的时间她给予了正确的指导（每次还提供会议室）。第二部分得到了马场策划的松浦达也、岛影真奈的大力支持，没有两位的支持很难完成这部分内容。感谢参与策划的宣传设计师、案例搜集的全天候工作人员的大力协助。感谢给予取材的各位人士。投入到“打动消费者”，我们也受到了强烈的震撼。还要感谢笔者所在两家公司的各位同仁、老客户以及合作伙伴们。今后，让我们一起去为充满喜悦的出色工作而努力吧！

最后，感谢同在广告界的我的妻子嗣美。感谢她发自肺腑的支持与偶尔的“悠然的建议”。而且，就在执笔接近尾声的6月10日，经过长达30小时努力来到这个世界的长女，让我瞬间成为“宠爱孩子无原则的父亲”。让我心动的毫无疑问就是你们。谢谢。

2014年7月吉日　本田哲也